Caudebec

ET SES ENVIRONS.

ROUEN. — IMPRIMÉ CHEZ NICÉTAS PERIAUX

RUE DE LA VICOMTÉ, 55

Essai

HISTORIQUE ET ARTISTIQUE

SUR

CAUDEBEC

ET SES ENVIRONS

PAR

M. ANATOLE SAULNIER

Membre de l'Institut historique de France
auteur des *Recherches historiques sur le Droit de Douane*
visiteur de la Douane, à Caudebec

In studio, voluptas... in veritate virtus

ROUEN
NICÉTAS PERIAUX, ÉDITEUR
RUE DE LA VICOMTÉ, 55

—

1840

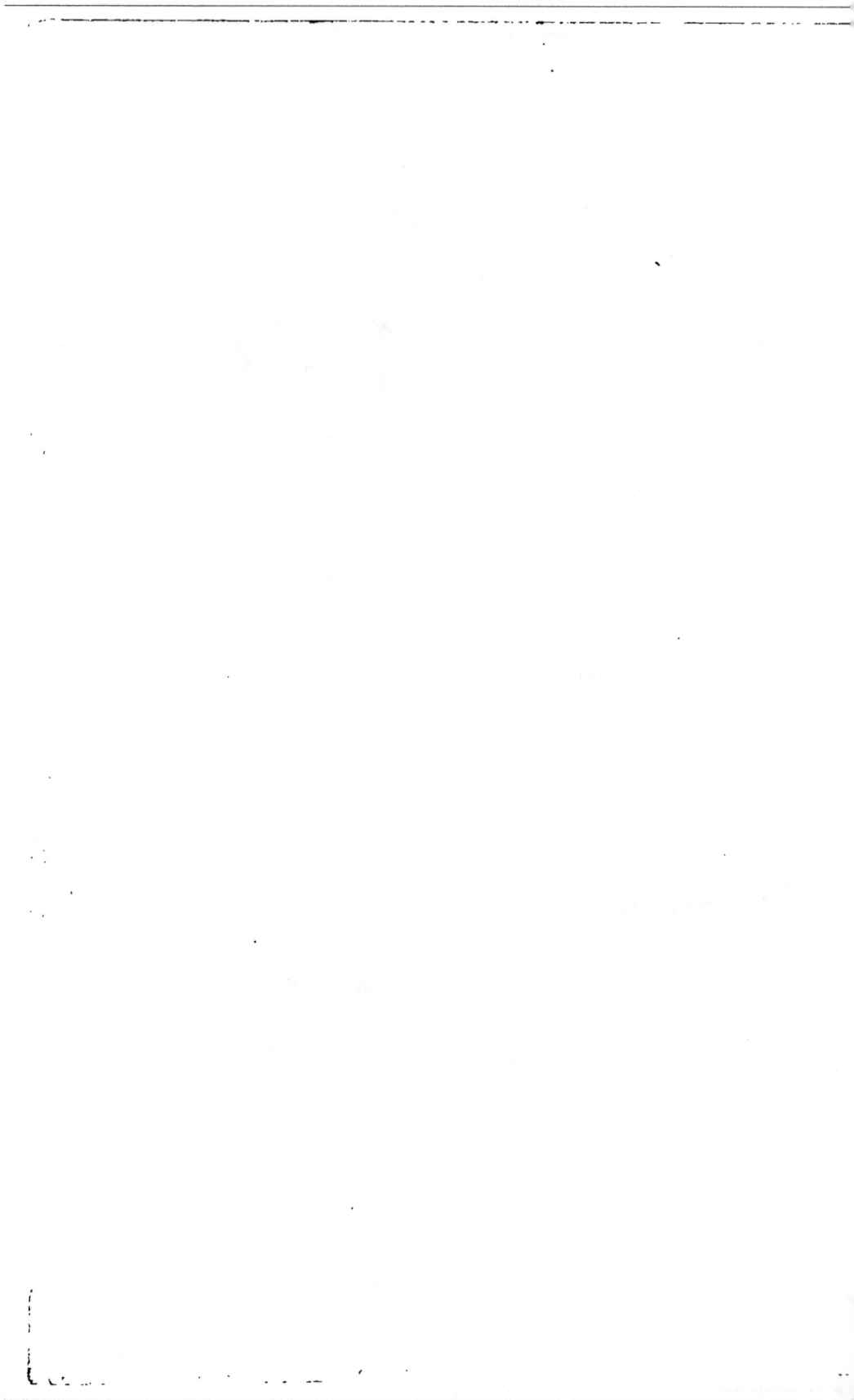

A

M. P. DIZIÉ,

Chevalier de la Légion d'honneur,

Directeur des Douanes

ANATOLE SAULNIER.

INTRODUCTION.

L'essai historique et artistique sur Caudebec, que nous livrons aujourd'hui à la publicité, manquait aux voyageurs, aux habitans de la ville, à l'histoire, aux arts. La

tâche que nous nous sommes imposée,
de former un livre neuf sur une vieille
cité, était rude : aussi, avant de l'en-
treprendre, avons-nous hésité, avons-
nous douté de nous.

Le chapitre sur l'église est le premier
qui ait été fait sur ce sujet. Jusqu'à
présent on avait indiqué en masse les
beautés architecturales et artistiques à
visiter; mais jamais on n'avait pris,
en quelque sorte, une à une les parties de ce gracieux monument, jamais
auteur n'avait osé dire au voyageur :
« Il faut t'arrêter ici; le temple dédié
à Marie est digne de toute ton atten-

tion. » Cet Essai doit donc être considéré comme le *vade mecum* indispensable à toute personne qui traverse le Pays de Caux, véritable pays de cocagne de la Haute-Normandie. Les chapitres IV et V ont été traités plus légèrement : ce n'est plus le langage sévère de l'observation, le sérieux de l'étude, mais bien l'impression produite par l'aspect d'un beau site varié, toujours pittoresque, le récit d'une promenade souvent intéressante, toujours agréable. Le chapitre VI et dernier est dédié aux habitans de la ville : qu'on me pardonne de me comparer à cet athénien qui, avant le combat de Salamine, exhortait un soldat de la république, en lui disant ces seules paroles : « Non patris tui gloriosi oblitus esto : Songe à ton père qui se couvrit de gloire. » Comme lui, dans cet Essai, j'ai évoqué de vieux souvenirs, persuadé que l'on n'oublierait pas l'antique renommée caudebecquaise.

L'accueil généreux et empressé avec lequel on a, par avance, accepté mon travail, est pour moi un sûr garant que mes efforts n'auront pas été vains. Ains donc, recevez ici mes remerciemens bien sincères, vous tous souscripteurs, qui avez encouragé le jeune historien de Caudebec. Puisse ce nouvel Essai [1] me rappeler quelquefois à votre souvenir, qui chez moi durera jusqu'à la mort.

[1] L'auteur à publié, à Paris, en 1859, un fort volume, ayant pour titre : *Recherche historique sur le droit de Douane, depuis la révolution de 1789 jusqu'à nos jours.*

CAUDEBEC.

CHAPITRE PREMIER.

Souvent, de grandes choses ont eu de bien piètres origines : Rome est sortie d'une cabane de berger, Caudebec d'une barque de pêcheur. Il y a cela de commun entre l'ancienne résidence des Césars et l'antique cité de la nation des Calètes, c'est que si, jusqu'à la fin, Rome, fière de son origine, en a perpétué le souvenir, en gravant sur ses **médailles** la louve allaitant Remus et **Romulus**, et au-dessus, les célèbres initiales **S. P. Q. R.** [1], Caudebec aussi, l'ancienne capitale du pays de Caux, a conservé, jusqu'à nos jours, ses anciennes armoiries. Qui ne connaît, en effet, son blason portant *d'azur à trois saumons d'argent posés en fasce l'un sur l'autre ?* [2]

[1] **S. P. Q. R.** Senatus populus que romanus. (Le sénat et le peuple romain.)

[2] La dernière expertise faite à la Chancellerie, date du 26 janvier 1828. Elle renouvelle l'ordonnance de Louis XIV, en 1696, qui dit que les trois poissons du blason de Caudebec étaient *saumons* et

Beaucoup ont écrit sur Caudebec; les uns jetant sur le papier leurs impressions de voyage; les autres, plus expérimentés, rapportant à une idée, soit politique, soit religieuse, l'origine et l'existence de tel et tel monument; d'autres employant le doute ou la fiction. L'histoire désavoue de pareils moyens, à défaut de renseignemens positifs. Aussi, l'insuffisance de tous ces écrits nous a-t-elle fait un devoir de les consulter, les étudier, et, semblable à l'abeille, de butiner

non *éperlans*, comme on l'avait jusqu'alors prétendu. (*Voir* le plan de la ville.).

L'auteur de cet Essai possède un ancien bénitier en granit, provenant de la Maladrerie de Saint-Julien-le-Pauvre; sur une des faces de ce bénitier se trouve parfaitement sculpté le blason de Caudebec. Les saumons sont conservés presqu'entièrement.

à droite et à gauche, rassemblant en plusieurs articles les idées les plus vraisemblables, les documens les plus précis ; fort du principe de l'orateur romain, qui dit que c'est ainsi que doit s'écrire l'histoire, *car les livres ne se font qu'avec les livres.* Donc, si le fond de cet Essai n'est pas neuf, la forme au moins le sera : trop heureux si, étudiant Caudebec, 1° sous le point de vue historico-géographique, 2° sous le point de vue artistique, cet Essai peut faire faire quelques pas à la vérité historique.

Géographie et Histoire.

Tout voyageur qui, se rendant au Havre, passe devant Caudebec pour la première fois, s'étonne de voir sur les bords de la Seine, entre Duclair et Tancarville, une de ces villes-bourgades semblables à ces riantes et paisibles petites cités qui bordent si gracieusement le golfe de Gênes. Si ce voyageur ne se contente pas d'envisager Caudebec sous ce simple point de vue matériel, mais que, se reportant par la pensée vers l'étude politique de la ville et le caractère de ses habitans, il expérimente et analyse ensuite le résultat de ses observations, il trouvera de grands points, j'allais dire d'infinis rapports de ressemblance avec ces cités.

A Caudebec comme à Piombino, l'air chaud y est pur et sain, les brouillards brumeux qui viennent de la mer fuient vers Rouen, où ils séjournent; les orages s'appesantissent sur la forêt de Brotonne, et viennent rarement s'abîmer sur l'autre rive. La ville elle-même est abritée par des montagnes ; une, entr'autres, a un nom remarquable, le *Calidu* (mons Calidus) « montagne chaude », sans doute appelée ainsi à cause de la petite rivière qui coule au bas, et nommée Calidum-Beccum, ou Ambion ; ou bien encore, ce qui est plus probable, par suite de la répercussion des rayons brûlans du soleil sur cette montagne exposée au plein midi [1]. Des bois à l'est et à l'ouest forment enfin, en quelque sorte, comme une cuirasse placée là pour protéger, contre les vents, l'ancien village dédié à Marie.

Au milieu des bois du Trait et de Mau-

---

[1] Cette montagne est aujourd'hui la propriété de M. Lefebvre, chevalier de la Légion d'honneur.

lévrier, serpentent, comme les ruisseaux
dont elles prennent le nom, les vallées
de Saint-Wandrille et de Sainte-Gertrude,
vallées fertiles, trop fertiles même, car,
loin d'enrichir les habitans, elles les
appauvrissent. En effet, le confortable
du sol semble les inviter à la noncha-
lance. C'est qu'aussi, en présence d'un
beau ciel azuré et d'une longue et tor-
tueuse nappe d'eau qu'aucune ride ne
voile, en présence d'un paysage presque
féerique, lorsque cent navires, remontant la Seine, voiles déployées, lou-
voient à dix pas l'un de l'autre, et
semblent secouer leurs ailes de contente-
ment, fiers d'avoir franchi l'écueil, d'a-
voir passé la *traverse* ¹ ; c'est qu'en pré-

¹ On appelle ainsi cette partie de la Seine située

sence de ces pâturages bordés de saules,
contre lesquels le flot vient si impitoya-
blement se ruer, laissant après lui une
longue vague mousseuse et blanchâtre ;
c'est que, lorsque, le soir, le disque de la
lune apparaît sur la surface du fleuve,
unie comme un miroir, l'ame est pénétrée
d'un sentiment religieux et profond ;
l'homme s'étonne, il admire.

La nature a tant fait pour Caudebec !
Le voyageur trouve, en effet, le temps
trop court pour visiter la ville et les
environs ; le crayon de l'artiste ne glisse
pas, selon lui, assez vite sur le pa-

entre Norville et Aiziers, dont la traversée est difficile pour les navires tirant plus de quatre pieds d'eau,
à cause de nombreux bancs de sables mouvans qui la
couvrent dans presque toute sa largeur, qui équivaut,
en cet endroit, à plus de 1200 mètres.

pier, pour reproduire un coin du riche spectacle qui se déroule devant ses yeux. Il faut envier le sort de ceux qui, chaque jour, peuvent contempler, du haut de la côte Saint-Clair, la Seine et ses tortueux replis, au sud-ouest, Villequier assise sur ses bords en amphithéâtre, Villequier, la ville des pilotes; à l'ouest, le pittoresque château du maire de cette commune; au nord, derrière soi, la forêt de Saint-Gilles et les ruines de l'abbaye de Saint-Wandrille; au nord-est, Jumiéges et ses ruines superbes, qui attestent à la fois, et l'ancienne puissance temporelle des hommes de Dieu, et l'esprit conservateur du propriétaire actuel, antiquaire éclairé; au sud-est, l'ancien château princier de la Mailleraye, maintenant la propriété de madame de Mortemart, héritière des qualités de madame la marquise de Nagu; enfin, pour cadre de ce tableau, un horizon sans bornes; car, quelque soit l'espace que son œil parcoure, le voyageur n'a devant lui que l'imposante masse touffue de la forêt de Brotonne.

Essayer de peindre l'effet de ce paysage grandiose, serait en atténuer la magnificence. Inviter le voyageur à le visiter est notre devoir. Venez donc, heureux du siècle, artistes, peintres ou étrangers, venez, armés de cette notice, voir l'imposant panorama que la main libérale et harmonieuse du créateur fait mouvoir autour de Caudebec!

Accourez tous avec confiance en cette ville. Si son sol est riche par sa parure, il n'en est pas moins beau par sa fer-

tilité. A Caudebec, comme à Paris,
vous trouverez le confortable du lit
et de la table; car, sur ce quai, où
s'élevaient autrefois les murs de la ville
féodale, des gens actifs et laborieux,
chaque semaine, y débarquent les vins
du midi; d'autres, devant vous et pour
vous, jetteront leurs filets en Seine, si
l'éperlan, à la chair délicate, flatte
votre palais. Venez aussi, Nemrods normands; la sauvagine vous dédommagera
de votre course; le râle, la bécassine,
le canard et la sarcelle, sont les hôtes
familiers de ces parages. Venez-y tous, enfin, qui que vous soyez, car si Caudebec
a perdu de son influence commerciale,
ses habitans n'en ont pas moins conservé une douce urbanité, et, en revanche,
les richesses artistiques de la ville, le

grandiose du site, sont une agréable compensation qu'ils vous réservent.

Dans cette Essai, nous serons souvent forcés de joindre l'historique de la ville à sa géographie; inhérentes l'une à l'autre, ces deux parties ne peuvent être étudiées séparément. Souvent même la connaissance d'un événement étranger devient nécessaire pour bien saisir les rapports qui ont été cause de ruine ou de prospérité. Ainsi donc, sans faire remonter l'origine de Caudebec aux temps héroïques et fabuleux, nous résumerons son histoire à partir d'une époque, sinon plus connue, moins douteuse cependant, à partir du 20 mars 840, date d'une charte [1] que fit Charles-le-Chauve

[1] « Statuimus atque jubemus..... ut ad ecclesiæ lu-

en faveur de l'abbaye de Fontenelle (Saint-Wandrille), et par laquelle il octroyait à ces moines la possession de Cald-Beck (Calidum-Beccum), avec *tous les droits de péage, passage et coustumes*. A cette époque, au IXe siècle, Caudebec ressemblait à Etretat; ce n'était qu'un amas de cabanes, groupées le long du fleuve. Ce qui confirmerait cette opinion, c'est l'abandon qu'en firent les Normands lors de leur invasion en Neustrie, puisqu'il est dit, dans la chronique de Jumiéges, que Rollon remontant la Seine,

minaria concinnanda et venaticum et oblationes istas res habeant concessas, id est Calidum-Beccum cum aquis et porto, pelagiis, consuetudinibus ac transverso, etc... »

(D. Bouquet, *Recueil des historiens des Gaules et de France*, tome V, page 522.)

n'ayant pas trouvé d'église à Caudebec, fut obligé de se rendre à Sainte-Gertrude, pour y déposer le corps de sa femme.

Une charte de Richard II, duc de Normandie, au nom du roi Robert, donnée à Fécamp, en l'an 1024[1], confirme l'énoncé de la précédente; elle y ajoute même le *droit de pêche*.

Ce n'est qu'aux XI et XIIe siècles que

---

[1] « Fontanella cum viculis ad ipsam respicientibus, videlicet Gothvilla (Gauville), Bethevilla (Betteville, près Maulévrier), Resencio (Rançon, maintenant Saint-Wandrille), Caldebec (Caudebec), Ansgoth-Moulins (Sainte-Gertrude), cum omnium earum justiciâ, altâ et bassâ, per totam ebdomadam nundinarum mediæ quadragesimæ, et arrestis. Insuper totam aquam fluentem ab Ansgoth-Moulins ad fluvium, cum omni piscariâ »

(*Neustria pia*, page 165.)

Caudebec prit quelque acroissement en rapport avec les villages cités dans cette charte. En 1055, Guillaume-le-Bâtard, duc de Normandie, jette les fondemens d'une chapelle, et confirme à l'abbaye de Jumiéges la possession d'un moulin situé sur le ruisseau de Caudebec. « *Molendinum unum in fluvio qui dicitur Caldebeck* », dit le parchemin cartulaire de cette abbaye.

En 1130, Henri Ier, roi d'Angleterre, y joint un marché qui doit se tenir le dimanche, et remplacer celui qui avait lieu le samedi à Saint-Wandrille [1]. Cette charte fut donnée à Dieppe.

[1] ...... « Sciatis me (Guillelmum ducem) concessisse, et sancto Wandregesillo et abbati Alano, quod ponant mercatum suum quod solebat esse apud. S. Wandregesillum per diem sabbathi, apud *Calidum-Beccum* per diem dominicam..... »

(*Neustria pia*, page 175.)

Déjà, on le voit, Caudebec acquiert une certaine importance : il possède une église, un marché fixe, un droit de foire. Au XIIᵉ siècle, le pape Eugène III le qualifie de *bourg* dans une bulle lancée en 1145, pour maintenir à l'abbaye de Saint-Wandrille son *bourg de Caudebec, avec ses justices, foires et coustumes* [1]. Dans deux autres chartes, l'une de 1223, l'autre de 1275, il est question de deux pièces de terre placées aux extrémités du bourg, arrosées chacune par un ruisseau. Ces deux parties indiquent l'étendue de Caudebec à cette époque [2].

---

[1] « Confirmat *burgum* Sancti-Wandregisili Calidum-Beccum cum justiciis suis et mercatibus et consuetudinibus tam in forestis, seu sylvis...... » Etc.

(*Neustria pia*, page 173.)

[2] .... « Masura illa quæ sita est apud Calidum-Beccum

 Si jamais un bourg peut offrir de l'intérêt, c'est, sans contredit, celui dont nous résumons l'histoire. Par sa position, il était appelé à jouer un certain rôle dans la guerre de l'Angleterre contre la France.

juxta masuram Landrici de Boute ex unà parte, et *Plancam* molendini Caverois ex alià.

« Unam perchiam terræ sitam in parochià Calido-Becco intra masuram Martini Legay ex unà parte, et *Doitum* ex alterâ. »

Ces deux ruisseaux existent encore de nos jours, l'un *le Douit*, l'autre *la Planque*, qui alimentait le moulin Caverois. Ce mot de la Planque tirait, sans doute, son nom de la planche placée pour aller de la rive au moulin. Ce moulin n'existe plus; on en voit seulement des restes sur le ruisseau qui coule dans l'emplacement de Sainte-Anne. Le nom de la Planque s'est corrompu et porte le nom de la Planquette. C'est actuellement un des quartiers de Caudebec. A la place du moulin est une tannerie assez considérable.

(1840. A. S.)

Aussi ne tarda-t-il pas à être entouré de fossés retenus par une forte muraille flanquée de grosses tours.

Nous sommes au xve siècle. Les Anglais ravagent la Normandie, et mettent garnison dans les villes situées entre Mantes et Saint-Romain. Caudebec est la seule place qui se soit rendue par avance : elle ne pouvait, d'ailleurs, résister à Henri V. Elle fait plus, elle est entraînée à seconder ses projets, sauf à prendre sa revanche plus tard ; aussi, durant le siége de Rouen, que faisait ce prince, elle facilite l'arrivée des secours que ses alliés (le roi de Portugal) lui envoient. Il faut ajouter ici que Caudebec avait fait, avec le roi d'Angleterre, un traité par lequel toute hostilité cesserait de part et d'autre ; de sorte que, si cette

dernière était secourue, Caudebec resterait ainsi attachée à la France; dans le cas
contraire, elle tomberait au pouvoir des
Anglais. Le traité fut accepté; des ôtages
furent donnés au roi d'Angleterre[1]. Rouen
fut prise. Il fut stipulé, dans la capitulation,
que les villes, châteaux et places fortes
du pays de Caux, relevant du roi de
France, reconnaîtraient Henri V. Caudebec se trouva de ce nombre, et ne voulut
point accepter de pareilles conditions.
Elle fut donc assiégée à son tour par le
comte de Warwick, plus connu sous le
nom de lord Talbot. Disons-le à la gloire

---

[1] Les ôtages étaient au nombre de quatre, chacun
deux, de part et d'autre.

Anglais, Charles Rick et Georges Thomas, cheva-
liers. — *Habitans de Caudebec*, Louis Dignamare,
échevin, et Pierre Saunier, avocat.

de Caudebec, cette place osa lutter, dé-
fendue par ses seuls habitans. Pendant
six mois, ceux-ci arrêtèrent les forces de
l'Angleterre. Ils ne cédèrent qu'aux pro-
jectiles d'une bombarde que les Anglais
« avoient fait ouvrer (*ouvrager*). Cette
« bombarde, merveilleusement grande,
« avoit cinquante pieds de long, et jetoit
« pierres grosses, et pesant merveilleu-
« sement, et quand cette bombarde dé-
« cliquoit, on loioit (*la voyait*) bien de
« cinq lieues loin par jour, et de dix
« lieues par nuit, et menant une si
« grande noise au décliquer, qu'il sem-
« bloit que tous les diables d'enfer
« fussent en chemin. [1] » — Caudebec se
rendit le 22 septembre 1409. Talbot en

---

[1] Froissard, tome II, chap. CIII.

fut nommé gouverneur en 1435, et, en 1449, Talbot, vaincu à son tour par Dunois, était retenu prisonnier dans la même ville, confiée à sa garde quelques années auparavant.

Caudebec, devenue la prison politique d'un personnage anglais de si haut lignage, n'est pas sans importance historique. Caudebec était alors une petite ville fortifiée qui reçut la visite de Charles VII, et deux fois celle de Louis XI, en 1464, se rendant de Harfleur à Paris, escorté de deux cents archers à cheval, sous le commandement du capitaine Mignon, natif de Caudebec; et, en 1467, elle ne tarda pas à avoir une garde organisée et confiée aux ordres du maréchal de Lohéac. Aussi, en 1472, résista-t-elle aux attaques du duc de

Bourgogne, Charles-le-Téméraire, qui fut repoussé, lorsqu'il ravageait le pays de Caux. C'est par suite de cette petite victoire, que les paysans des environs, sans cesse inquiétés dans leurs bourgs, vinrent accroître le nombre des habitans de Caudebec, qui bientôt sera florissante par son commerce.

Nous sommes arrivés au xvie siècle. Caudebec, jusque-là tranquille, enrichie, agrandie par suite de l'heureux développement de son industrie, semblait, au fond de sa vallée, n'avoir point à redouter les funestes effets des querelles religieuses qui venaient de troubler la paix en Europe. Les Calvinistes, indignés de ce qu'on leur refusait la liberté de conscience, voulurent se ménager des moyens de défense, et, pour ce, s'emparèrent de plu-

sieurs villes; soit par ruse, soit par vio-
lence, Caudebec tomba en leur pouvoir.
Leur présence en cette ville fut signalée
par les plus horribles profanations; les
églises virent leurs saints mutilés; leurs
vases sacrés et tableaux pieux furent
brisés, les livres et images brûlées; deux
prêches furent établis dans la ville[1].
Mais ces rebelles fanatiques ne jouirent
que quelques mois de leurs conquêtes.
Caudebec fut repris sur eux par le baron
du Clerc, le même jour que Rouen
l'était par le comte de Montgomméry.

Mais le mal était fait; Caudebec comp-
tait déjà, dans son sein, plus de huguenots que de catholiques; aussi l'avéne-

_____

[1] On peut en voir encore un parfaitement con
servé dans le quartier de la Boucherie.

ment du huguenot Henri IV, successeur d'un roi catholique, fut-il reçu avec acclamations par la majorité des habi-tans. On sait que ce prince, forcé de reconquérir son royaume, n'en dut la possession qu'en assiégeant telle ville, ou en achetant le gouverneur de telle autre. Caudebec eut donc un siége à subir. Elle, Caudebec, la ville des pêcheurs, devenue petite cité florissante, petite ville forti-fiée, entourée de fossés remplis d'eau, elle, subit un siége ! Ce fut sous ses murs (1592), que le duc de Parme, dans une reconnaissance, fut atteint, au bras, d'un coup de mousquet, parti d'une tour nord-est, appelée la meurtrière, que ve-nait battre avec force le flot de la marée montante. 400 hommes, commandés par l'officier Lagarde, défendaient la ville. Caudebec se défendit plusieurs jours; mais, quand elle se vit abandonnée par son alliée, la flotte hollandaise [1], que le duc de Parme avait forcée de lever l'ancre, elle capitula.

Cependant l'arrivée de Henri IV au Pont-de-l'Arche fit pressentir des craintes aux catholiques, et ranima le courage des Caudebecquais. Le duc de Parme et Mayenne quittèrent la ville, et se replièrent sur Yvetot et Lillebonne, indécis dans leurs opérations. La guerre allait encore désoler le pays de Caux, dont *Caux-de-bec* était la capitale. Mais déjà le duc de Biron avait fait déloger la cavalerie légère dont le quartier était à Rançon; cette petite victoire découragea les catho-

[1] Mémoires de Sully et Mézerai.

liques, qui opérèrent cette fameuse re-
traite dite de Caudebec[1], si bien com-
binée par le capitaine des troupes espa-
gnoles, que le roi eut peine à se tirer
du mauvais pas où l'avaient placé ses
ennemis qui se repliaient vers Paris.
Henri IV entra donc à Caudebec, vain-
queur sans victoire. Sa présence lui
acquit l'estime de tous les habitans. Il
parcourut les manufactures, en pleine
prospérité, malgré les divisions intes-
tines. L'église ne fut pas oubliée par lui.
On connaît de lui ce mot, qu'*elle était
la plus jolie chapelle de son royaume.*
Mais, ce que l'histoire ignore, c'est

[1] Ainsi appelée, parce que l'armée catholique, partie de Caudebec, autour de laquelle se passaient ces
événements, entrait à Rouen au moment où Henri
entrait à Caudebec.

que Henri IV, le roi Huguenot, tomba à genoux sous le portail, fit sa prière en présence des habitans étonnés : cette prière fut exaucée..... On sait quel fut le résultat de la bataille d'Arques.

Heureux le roi qui, alors sans trône et privé de la moitié de ses sujets, faisait ainsi concevoir de lui de telles espérances ! Cependant, converti à la religion catholique, lui, le bon Henri devait tomber sous le couteau d'un fanatique religieux.

Depuis cette époque, de nombreux écrits, répandus en Europe, annoncent que les temps sont changés, qu'il y a progrès, que la civilisation marche à grands pas. Triste vérité! Oui, le progrès existe, car l'instrument du crime est compliqué [1];

---

[1] Ne serait-il pas temps, enfin, de fermer le cabinet

car le criminel est digne de l'échafaud avant d'avoir exécuté ses projets , car ces prétendus réformistes , dignes enfans de la terreur , munis des principes de Saint-Just , raisonnent , étudient dans l'ombre le crime qu'ils méditent, et font , de la ville la plus civilisée , le théâtre de leurs sanglantes expérimentations. Ravaillac n'était qu'un fanatique politique ; Darmès est un assassin..... Voilà le progrès que constatera demain le monde entier !

du Musée d'artillerie , où se trouve appendu le couteau de Ravaillac, et où, sans doute , le public parisien admirera bientôt la machine de Fieschi et la carabine de Darmès ? O civilisation !

CHAPITRE II.

ON vient de voir comment, par suite d'un accroissement rapide de sa population, Caudebec a dû être considérée, sur la fin du XIVe siècle, comme une petite ville de second ordre, d'une certaine importance militaire par sa

.·.·.

position maritime, d'une grande importance commerciale, grâce à deux industries nouvellement implantées dans la capitale du pays de Caux. 1550 est l'apogée de sa gloire, de sa puissance et de sa force. Caudebec est le siége d'un bailliage qu'Henri IV y établit.

Il suffit que l'on rende la justice dans un village, pour que ce village ne tarde pas à acquérir quelque célébrité. Autrefois, en effet, autour du chêne de saint Louis, au bois de Vincennes, se groupaient des cabanes qui formaient un hameau, le refuge des plaignans. Depuis, qu'est devenu ce hameau ? Il a eu le sort des choses de ce monde : avec la cour de justice en plein air, il a disparu insensiblement du sol, il s'est écroulé partiellement ; ainsi fut Caudebec : hier puissante, humble aujourd'hui.

Quand, en présence d'une ville déchue, l'historien rencontre des faits importans, c'est pour lui un plaisir indicible de les consigner. Sa découverte l'encourage à sonder plus avant les profondeurs de la science, à explorer les murailles, si les hommes et les livres sont muets, pour grandir l'intérêt de son récit et le rendre le plus attrayant possible. Mais si le contraire a lieu, jugez de sa douleur : sa plume est triste, sa tâche devient aride et dure, son esprit de recherches et d'analyse semble se rétrécir parce que les alimens lui manquent; il gémit de n'avoir à mentionner que des observations oiseuses, des résultats douteux.

Telle est, en effet, l'injuste part que les événemens ont faite à la ville de Caudebec. Le xvie siècle fut l'époque la

plus brillante de son importance politique et commerciale; pourquoi cette
époque fut-elle de si courte durée?

A la mort de Henri IV, on sait les dis-
sensions politiques qui agitèrent les com-
mencemens de la jeunesse de Louis XIII;
plus tard, sous le règne de ce prince,
Caudebec perdit de son influence. Ce
n'était plus la petite ville militaire et
commerçante. Déjà, depuis long-temps,
elle nourrit dans son sein deux élémens
hétérogènes, dont la chute de l'un entraî-
nera l'autre à son tour. C'en est fait de la
ville des pêcheurs. Ainsi le veut la des-
tinée de Caudebec; son enceinte doit
tomber; ses fossés doivent être comblés;
ses fortifications venaient d'être alié-
nées du domaine (1687); il faut
donc que la maison du magistrat rem-

place le créneau militaire; il faut que l'humble toit du commerçant gémisse, privé du soleil par l'élégant et haut pavillon du noble. Caudebec est déjà le Versailles de la robe. Aussi le moulin du tanneur empêche-t-il M. le premier président de dormir, et les rejets de tan que l'air emporte dans son vol, entachent-ils les œillets et les roses de madame la marquise.

Soyez donc industriel dans une ville où la société est naturellement amenée au plaisir, où la morgue aristocratique tient lieu de l'aisance industrielle! Et puis, le commerce n'avait pas l'influence que le travail et la persévérance lui ont donnée de nos jours; et puis, le xviie siècle était le temps des grands seigneurs, la Normandie, le pays des amours, le

pays de Caux, le paradis de la magistra-
ture normande. Allez donc élever la voix,
allez donc vous plaindre ! En Bretagne,
il y a quelques années encore de cela,
telle branche de commerce, comme la
soierie, n'était exploitée que par des fa-
milles nobles; celles-là ne pouvaient pas
se plaindre. Considérées dans le pays,
recherchées même par les gens qui ap-
portaient leurs écus chez elles, cette noblesse marchande était puissante par
sa position même. Mais, en Caux, le
marchand n'était que marchand. Rarement bourgeois, il formait secte à
part, il n'avait pas voix au chapitre.
L'immobilisme de la pensée était sa de-
vise; acheter et revendre, son unique
occupation. Cet état de choses ne fit
qu'empirer sous Louis XIV. Le bailliage

de Caudebec était puissant [1] ; il fut ho
noré dans le pays ; la justice et la noblesse
étaient maîtresses de la ville.

C'est ainsi, pourtant, que vécurent,
pendant près de deux siècles, les fabricans peaussiers et chapeliers, dont la renommée était européenne. Cette renommée les consolait bien un peu du dédain
de l'autre partie de la société ; mais, n'étant
pas les plus forts, il fallut céder. Cette
renommée fut leur perte ; elle devint à
charge à la noblesse. Tel seigneur avait
l'ame blessée de savoir son marquisat
voisin d'une de ces manufactures où se

---

[1] A cette époque, il contenait non seulement les
vicomtés de Caudebec, de Villequier, d'Arques et de
Neufchâtel ; mais encore les circonscriptions de Cany,
de Longueville et du Havre-de-Grâce.

confectionnait le feutre à larges bords qu'il portait si coquettement sur l'oreille droite, et qu'il appelait son caudebec. Alors le caudebec était de grande mode à la cour. Les huguenots soldats avaient les premiers porté le caudebec noir que relevait une plume de même couleur; les pages de Marie de Médicis, à leur tour, portèrent, non sur la tête, mais sous le bras, le caudebec gris avec la plume verte; Louis XIV, le grand roi, était fier de son caudebec noir, qu'ombrageait si fièrement une longue plume blanche flottante; et tous les ducs, et les marquis et toute la robe!.... Quel débit de caudebecs, quelle fortune pour la ville! Tout a disparu à Caudebec, même le souvenir de cette ancienne prospérité;

excepté, cependant, ces vers de Boileau,
dans son épître à Lamoignon :

> Et , chez le chapelier du coin de notre place ,
> Autour d'un caudebec j'en ai lu la préface.

Indépendamment de cette industrie
chapeline, elle s'enrichissait encore par
une autre voie industrielle, tout aussi
honorifique, sinon plus. Le gantelet du
guerrier et le gant de la haute dame
se fabriquaient aussi à Caudebec, dans
des tanneries dont les produits étaient
tellement perfectionnés, qu'une coquille
de noix était la boîte d'une paire de gants
de chevreau. Aussi, comme les doigts de
la belle duchesse de Rosny, comme la
blanche main de la marquise de Ver-
neuil, s'effilaient gracieusement sous cette
peau si fine, qu'elle laissait à leurs amans

4

la faculté de deviner les secrets de leur cœur, par le tracé des lignes du creux de la main, qui se voyaient aussi distinctetement que si la main eût été vierge de toute enveloppe.

L'époque de la déchéance commerciale de Caudebec est venue. Victime d'un événement politique qui eut en France un grand retentissement, Caudebec vit s'anéantir, en un jour, le travail de près de deux siècles. Sa ruine industrielle date de la révocation de l'Édit de Nantes : ce coup d'état fit expatrier, en Angleterre, trois mille Caudebecquais, qui expatrièrent avec eux leur industrie et leur expérience. Aussi, Caudebec vit diminuer, chaque jour, son importance commerciale, sous le règne de Louis XV, le Bien-Aimé. Le caudebec s'oublia ; le chapeau de soie, la peluche, fut préférée par la haute noblesse ; c'est-à-dire l'industrie lyonnaise naissante, appelée à succéder à l'ancienne chapellerie caudebecquaise ; et le reste de la cour suivit l'impulsion donnée.

Quand Louis XV passa à Caudebec, il y vint accompagné de la favorite, madame de Pompadour : ce fut l'occasion de fêtes qui eurent lieu au Camp-du-roi, endroit sans doute appelé ainsi parce que ce fut là que campèrent les troupes de Henri IV, et qui est actuellement la propriété de M. Thevenin, juge au Tribunal de Commerce de Rouen. Il faut entendre raconter, par des personnes parentes de témoins de cette fête, ce qui se passa alors : le roi arriva suivi d'un essaim de seigneurs plus brillans les uns que les autres, entourant le car-

rosse de madame de Pompadour. Un seul
acte, bien simple, lui acquit, tout de
suite, l'estime des habitans. Elle aper-
çut, auprès du çarosse, une de ces
petites tètes blondes, délicieuses créa-
tures qui parlent le langage des anges;
ses yeux et son cœur, sans doute, furent
frappés de cette grâce enfantine: « *Oh !
le bel enfant !* » s'écria-t-elle, et, sans
avoir eu à peine le temps de donner des
ordres, l'enfant, le bel enfant [1] était
dans ses bras et couvert de ses baisers.
Cet accueil si bienveillant impres-
sionna vivement les Caudebecquais; en
un instant, les chevaux du carrosse royal
sont dételés, l'habitant se fait un devoir

---

[1] Ce bel enfant devint l'oncle de l'honorable
M. Deschamps, ancien juge-de-paix de Caudebec, chevalier de la Légion-d'honneur.

de le traîner jusqu'au camp. Louis XV, à la vue de ce zèle, s'étonne : « *C'est « Caudebec qui se relève*, dit Nicolet qui « complimentait le roi ; *car, croyez-le « bien, Sire, si notre ville est petite, elle « est grande par l'affection et l'amour de « ses habitans.* »

Ému de cette manière à la fois noble et laconique, le roi, qui devait rester quelques heures seulement à Caudebec, y passa le reste de la soirée. Il y eut fête et gala au Camp-du-roi. Aussi, Louis XV le Bien-Aimé fut-il long-temps cher aux Caudebecquais. On nous a raconté que, lorsqu'il entra dans la ville, il fut reçu, par M. Pouchet, qui lui présenta les clefs de la ville, en lui disant : « *Sire, voici la ville de vos clefs.* [1] »

---

[1] Historique.

— « *J'accepte les clefs de votre ville* », lui répliqua gracieusement le roi, faisant ainsi cesser, par une noble réponse, le sourire moqueur, souvent trop prompt à paraître sur le visage des courtisans.

Que devint Caudebec sous Louis **XVI**, sous la révolution ? Elle vécut tranquille, ignorée, à l'ombre de ses montagnes ; mais il lui semblait que, chaque jour, son sang quittait ses veines ; elle avait le pressentiment de sa ruine totale. A cette époque de troubles, son excessive tranquillité fut incriminée ; on comparait Caudebec à un marais. *L'eau qui dort est souvent dangereuse*, disaient les jacobins d'Yvetot, correspondans de la Société mère des Jacobins de Paris. « Il « faut assainir ce marais infect, écrit, dans « son rapport, le délégué jacobiniste As-

« senfras : les habitans sont de faux
« frères, qui passent des grains à la Ven-
« dée ; et d'ailleurs, le patriote marchera
« toujours a pied sec sur la montagne ¹,
« tandis qu'il se vautre dans ce bourbier. »
Ce rapport, d'une éloquence par trop
agreste, prévalut cependant. Il fut décidé,
sur la demande du comité du salut public,
par la convention, qu'Yvetot-la-Montagne deviendrait le siége du district.
Cette décision fut l'arrêt de mort de Caudebec, qui se laissa enlever, sans rien
dire, sa plus noble prérogative, ses établissemens, ses tribunaux, etc., etc. Quoi
qu'aient pu faire les temps, les hommes,
les révolutions, Caudebec n'en sera pas

---

¹ Expression maligne, qui fait allusion à la position
de Caudebec, la reine de la vallée, tandis qu'Yvetot
était souveraine de la montagne.

moins toujours une petite cité importante de la Haute-Normandie. C'est l'ombre d'une grande ville; et encore, que de grandes villes de France n'ont pas eu son renom !

Je ne sais, mais il y a là quelque chose d'unique, de particulier aux enfans de Caudebec ; ils tiennent de ce peuple célèbre chez les Athéniens, par son laconisme; témoin cette pétition remise à l'empereur, lors de son passage à Caudebec. Les uns voulaient une phrase, les autres en voulaient dix. C'était, moins les personnalités, presque les embarras d'une discussion de l'adresse, suscités dans les séances municipales. Il s'agissait de demander au premier Consul, (14 brumaire an XI), une grande route de Caudebec à Rouen, et de Caudebec au

Havre. Enfin, la pétition partit, rédigée et écrite en une demi-seconde ; elle était conçue en ces termes : « *Sire, vous qui avez si bien fait votre chemin, aidez-nous à faire le nôtre.* » Ce laconisme de style et de pensée plut à l'empereur, et le frappa d'autant plus, qu'en arrivant à Caudebec, il s'était écrié que : *Paris, Rouen et le Havre n'étaient qu'une seule et même ville, dont la Seine était la grande rue.* Aussi le chemin demandé fut-il exécuté, et, depuis, l'idée de l'empereur s'est réalisée ; car, par le système des bateaux à vapeur du Havre à Paris, il n'y a plus qu'un trajet, qu'une seule grande rue. J'oubliais de dire que l'auteur de ce discours attique parcourt, de temps à autre, cette route ; mais le bâton du pauvre à la main, mais la besace

de l'indigent sur le dos ! *O homines !
O tempora* !

Sous la restauration, le passage de
la duchesse de Berry à Caudebec fut
marqué par un acte de vandalisme d'un
genre tout particulier; pour plaire à
S. A. R., on pensa que badigeonner l'église
à l'intérieur, serait lui faire honneur, et
la chapelle du Saint-Sépulcre fut badigeonnée. Il faut croire que les auteurs de
cette nouvelle manière de restaurer un
temple, et de faire leur cour à la prin-
cesse, espéraient *peut-être* faire refléter
sur leur ame l'éclat de cette blancheur,
dont elle avait besoin. *Ainsi-soit-il.*

Comparez maintenant, ami lecteur, ce
voyage avec celui que fit, en août 1837,
l'héritier de la couronne, qui s'arrêta à
Caudebec, pour faire admirer à la jeune

et gracieuse mère du comte de Paris, les richesses du sol normand. Pour ces princes, on ne couvrit pas l'église d'une couche blanchâtre, mais il y eut un baptème, oui, un véritable baptême. Il ne s'agissait rien moins que de lancer à la Seine un fort beau navire. Ce spectacle était nouveau pour madame la duchesse d'Orléans; aussi le navire prit-il son nom, et fut-il baptisé en présence de dix mille paysans, accourus des communes voisines, pour prendre part à cette fête d'un éclat plus relevé. Après la cérémonie, il y eut revue de la garde nationale. Dans le discours du commandant[1] au prince, on retrouve la même énergie,

[1] Le docteur Lestorey, petit-fils de l'ancien lieutenant général de l'amirauté de Quillebeuf et de Caudebec, et neveu du doyen, sans doute, des juges de paix,

la même sincérité de patriotisme, le même laconisme que dans celui adressé à Louis XV, et dans la pétition adressée à l'empereur. « Il est fâcheux que notre « ville soit si petite, car elle est animée « du patriotisme le plus pur. Elle a su « maintenir sa milice citoyenne sous la « restauration, alors que les gardes natio- « nales des grandes villes n'existaient « plus. Aujourd'hui encore, elle est sin- « cèrement attachée aux principes au « nom desquels se fit la révolution de « Juillet [1]. » — *Et moi aussi*, commandant, reprit le duc d'Orléans; *au besoin, nous les défendrions ensemble!*

l'honorable M. Lechaptois, qui exerce ces fonctions à Lillebonne, depuis l'origine en France des justices de paix.

[1] M. Toutain, sous-officier de chasseurs, est décoré de juillet.

Cette réplique vive et pleine d'à-propos fut couverte d'applaudissemens. Heureux le prince qui sut ainsi, par une noble réponse, gagner si habilement l'affection des Caudebecquais; mais plus heureuse encore la cité qui put juger par elle-même de la dignité ferme du prince appelé un jour à gouverner la France !

CHAPITRE III.

———◆———

L'Église.

VOYAGEUR ou étranger, que l'appât du gain ou le lourd fardeau de l'ennui pousse vers Caudebec, daignez parcourir la ville au nom de l'art qui vous en conjure. Vous aussi, séduisantes Parisiennes

qu'un heureux hasard amène ici, con-
duisez vos maris ou vos amans sur la
place Saint-Pierre, et là se présentera à
vous *la plus jolie chapelle du royaume
de France et de Navarre*. Ce mot n'est
pas de nous : il est du bon Henri ; ainsi,
comme lui, sanctifiez-vous par le don et
la prière. Souvent, comme l'église, votre
ame à souffert ; une prière donc à Marie,
un denier pour conserver son temple,
et Marie vous exaucera du haut des cieux,
et votre voyage sera complet.

Nous avons pris la place Saint-Pierre,
maintenant place d'Armes, comme point
d'arrivée le plus propice à l'observateur.
C'est qu'en effet, de ce point seulement,
l'artiste peut s'avancer ou s'éloigner pour
admirer cette église gracieuse par ses colonnettes angulées, par ses contreforts,

par ses pierres dentelées, par sa galerie
extérieure, qui présente, dans ses balustres
découpées à jour, plusieurs antiennes dé-
diées à la Vierge. De ce point là seulement,
il peut analyser les détails de sa flèche,
formant une tiare ceinte de roses, qui se
balance dans l'air, et semble dire au voya·
geur : Je suis reine, moi! Oui, reine en
effet, et belle de tous côtés; salut, reine
des cieux; salut, mère des anges; salut,
tige sainte d'où sortit la lumière pour le
monde; salut à toi pleine de gloire, la
plus glorieuse de toutes nos églises, salut
à toi, Notre-Dame de Caudebec [1]!

Monument heureusement bien conservé des antiquités normandes, cette

---

[1] Ces antiennes, dont on vient de lire la traduction,
sculptées en lettres gothiques, de 58 centimètres d'élé-
vation, sont tirées des offices de l'Assomption et de la

église a beaucoup de rapport, par sa coupe, sa position, ses ornemens extérieurs (sa flèche exceptée), avec l'église Saint-Germain-l'Auxerrois. Comme cette

Nativité de la Vierge. Voici les mots qui subsistent encore :

« Pulcra es et decora. » — Au-dessus du portail.

« Gloriosa dicta sunt de te, civitas Dei, quoniam elevata est magnificentia tua super celos, Maria, quasi cedrus *exaltata est in Libano* (manquent.) Ave regina celorum, ô mater Dei, memento mei cujus cor.... » — Côté du Nord.

« Super omnes speciosa, vale, valde decora. » — Sur le chevet.

« Tota pulcra es, amica mea, et macula non *est in te* (manquent.) — Alia Jerusalem terribilis ut castrorum *acies ordinata* (manquent.) — Ave regina celorum, ave domine angelorum, salve radix sancta ex quâ mundo lux est orta, ave gloriosa. » — Côté du Midi.

C'est la première fois que sont publiées ces antiennes ainsi détaillées.

Ces lettres étaient dorées dans l'origine.

église, elle eut à supporter les funestes effets des révolutions; les Anglais en firent un camp militaire; les huguenots la dévastèrent; plus tard, en 1793, elle subit les conséquences de la révolution, c'est-à-dire que la mutilation étendit de toutes parts ses griffes profanes sur cette proie si attrayante, et la mit en lambeaux; alors, que d'objets précieux pour l'art furent brisés et réduits en cendres! Mais loin de nous ce passé brutal et stupide; occupons-nous seulement du présent : le présent est à nous; si nous marchons encore une fois dans la route de l'erreur, l'avenir nous reste, mais un avenir glorieux pour l'art, glorieux pour la France conservatrice et protectrice des arts.

Quelle honte ce serait, pour nous autres Français, de voir encore une fois

en proie à la dévastation ce temple dédié à Marie ; comme, aussi, il y aurait
honte pour nous de ne pas entretenir
avec le plus grand soin, comme une
mère nourrit son premier né, cette église
qui ne fut construite qu'avec tant de
peine, et qui arracha à l'artiste tant de
sueurs mêlées de larmes ! Car, croyez-le
bien, le bourg de Fontaine-le-Pin, près
Falaise, doit s'enorgueillir d'avoir vu
naître Guillaume Letellier, maître maçon
de l'église de Caudebec.

Qu'ai-je dit ? maître maçon !.. Oui [1], ce
mot est bien inscrit sur son épitaphe ; mais,
au XVe siècle, maître maçon ne signifiait
pas seulement architecte, mais bien maître
artiste, possesseur de son art. Aussi cet

[1] Voir son épitaphe, chapelle de la Vierge.

homme fut un envoyé de Dieu; il comprit que, pour élever un temple digne de la Vierge, cette création si sainte et si pure de notre religion, il fallait parler à l'ame, la pénétrer, la convaincre; aussi en fit-il une église *toute belle* à l'extérieur (*tota et pulchra*), et il sema avec prodigalité, dans l'intérieur, toutes les richesses que put enfanter son art, pensant que son but ne serait pas rempli si cette église, qu'il aimait, ne resplendissait pas d'un éclat superbe à l'intérieur (*amica mea*, *valdè decora.*)

Voisine de l'ancienne église de Saint-Pierre-des-Planquettes, qu'elle devait remplacer, l'église actuelle de Notre-Dame de Caudebec fut fondée en 1267; l'archevêque de Rouen, Eudes Rigault, la consacra sous le vocable de la Vierge.

Qu'advint-il dès-lors ? l'histoire, les archives de la fabrique se taisent; seulement il fallut que les fondemens en parussent peu solides, ou qu'elle-même fût trop petite, puisqu'en 1389, Charles VI autorisa la levée d'un impôt sur les 347 habitans principaux de Caudebec, de 300 livres tournois, à l'effet *d'achevier la tour du clochier et aultres ouvraigez de la dicte églize, l'icelle étant peu spacieuse, obscure et orle.* Déjà, sept ans auparavant, les moines de l'abbaye de Saint-Wandrille avaient cédé, aux trésoriers et habitans de Caudebec, plusieurs parties de terres, vers le Marché, pour agrandir leur église.

Les nouveaux premiers fondemens de l'église, qui subsistent de nos jours, n'en furent jetés qu'en 1415; elle fut achevée en 1484, et complètement terminée en 1517. Ce n'est donc pas l'ouvrage des Anglais, comme beaucoup l'ont prétendu, s'appuyant sur les lettres patentes du fameux duc de Bedfort, régent de France, en date du 27 octobre 1425, dans lesquelles on lit que les habitans de Caudebec peuvent prendre dans les forêts des environs *jusque à la valeur de quatre-vingts livres, tout le bois nécessaire pour la dicte églize.*

L'année suivante fut commencée la nef, ainsi que l'indique une inscription gravée au-dessus de la petite porte qui conduit de l'intérieur de l'église à la tour du clocher.

L'an mil CCCC XXVI,
Fu cette nef cy co'mencie ;
Sante' DIEU bienz et bo'ne vie,
As b'nfaicteurs, et paradis [1].

[1] Cette porte, encadrée dans 4 petites colonnes acanthées, à ceintre surbaissé, supporte un pignon

Les deux portes latérales de l'église
ne sont pas sur un plan droit, mais incli-
nées à droite et à gauche, et élevées de
trois mètres sur quatre mètres deux tiers
de large; la grande porte du milieu est
elle-même scindée; ce n'est pas la porte
d'un parvis, mais simplement une porte
abbatiale à doubles volants; ce qui
indique que l'église fut de tout temps
desservie par des moines dépendant de
l'abbaye de Saint-Wandrille. La première
porte latérale de droite supporte une
verrière remarquable par l'intérêt historique.

Le premier sujet semble justement

gothique, à relief, surmonté d'un chou, et se termine par un fleuron. Au-dessus de l'inscription, la
tête d'un gnome, étendant les bras, de forme assez
originale.

confirmer ce que nous venons d'avancer ; elle représente une procession des moines de Saint-Wandrille, promenant, dans les rues de Caudebec, le saint Sacrement, qu'ils vont déposer dans l'église neuve de la ville ; derrière le dais se trouvent les supérieurs de l'abbaye. Ce vitrail, ingénieusement exécuté, est encore parfaitement conservé ; il est précieux pour l'histoire, et surtout pour les Caudebecquais, qui peuvent y voir leur ancienne ville militaire. La tour qui est à droite, est ce qu'on appelait anciennement la tour du Havre, et celle qui est à gauche est la tour de Rouen, connue sous le nom de meurtrière ; le trait des maisons à pignon est correct, et les règles de la perspective parfaitement observées.

Le second sujet est *la cène* : au-dessus de la tête de Jésus-Christ apparaissent la pointe et le château de Tancarville. La couleur bleu azuré qui domine le fond du tableau indique les flots de la mer qui viennent mourir au pied du rocher. Ce ne fut pas sans intention que l'artiste qui exécuta cette verrière dessina le château de Tancarville. De tout temps la flatterie fut l'apanage des grands; les bardes et les trouvères étaient souvent poètes et peintres, et c'est sans doute pour rappeler que cette verrière fut donnée par le sire de Tancarville, que l'artiste dessina le manoir de ce seigneur au-dessus de la tête du Christ, le personnage principal. Du reste, rien de précis à ce sujet. Qui fit don de cette verrière à l'église? qui la fit exécuter?

6

L'histoire ne l'apprend pas. Au-dessous, on lit cette inscription gothique, tronquée et incomplète :

L'an de salut mil v ij..... présents sacrée comme le rédempteur son corps pour pain ordonne... il donne... donne

Il faut ici remarquer que le ceintre des fenêtres de l'église [1] n'est nulle part semblable. Dans les deux ovales que l'on trouve dans le vitrail, il nous a semblé

---

[1] Je ne sais qui a pu faire dire à l'abbé Miette que l'église, n'ayant pas de croisées, se trouvait avoir, par là, l'apparence d'une chapelle. A nos yeux, l'église-chapelle de Caudebec a trop de croisées en verre blanc ; elle est beaucoup trop éclairée, et, sans doute, lorsqu'Henri VI vint la visiter, il y avait encore beaucoup de vitraux qui répandaient sur toute l'église une lumière douteuse, un jour terne, nécessaire au recueillement et à la prière.

reconnaître le sujet : à droite, deux *apôtres envoyés pour préparer la Pâque;* à gauche, *le sommeil de Jacob.* Dieu lui apparaît en songe, étend sa main sur lui ; à ses pieds se trouvent un pain et un tonneau, signes certains de l'abondance qui lui est promise.

La première fenêtre de droite offre une verrière plus belle par le coloris et le grandiose des sujets. Elle fut

Présentée l'an v xxx iiij par Robert Baqueler écuier, seigneur de Vertot, lieutenant général du vicomte de Caudebec, et Hellene Rousselin sa femme.

Le premier sujet, le plus important qui se trouve au-dessus de cette inscription, est *le passage de la mer Rouge ;* il est rare de voir sur verre des figures aux traits si énergiques que ceux de ces hommes de race primitive, qui rappelle la race éthiopienne; une, surtout, est fort expressive; c'est celle de cet hébreu qui, tenant un bouclier d'une main et les rênes de son cheval de l'autre, tombe à la mer, dont la couleur est éclatante et remarquable.

Le second sujet, qui représente les *Israélites nourris par la manne dans le désert*, est beau par les groupes fort bien ensemblés; il est séparé du sujet précédent par une branche de feuilles de lierre, cerclés d'or; cette branche est admirable de légèreté; au-dessus de ce sujet, dans l'ogive, on trouve, à droite, *l'Adoration du veau d'or*; à gauche, *le peuple attendant Moïse au bas de la montagne*, et, au-dessus, *Dieu donnant la loi à Moïse*. Ce vitrail est actuellement en réparation. Au bas, une piscine assez correcte; au milieu, une rosace surmontée d'un pignon.

Le second vitrail latéral n'est pas moins remarquable par le grandiose de la composition des sujets, que dans les précédens.

Le premier sujet représente *la femme adultère;* l'artiste a choisi le moment où Jésus-Christ se baisse pour ramasser la pierre, et dit *que celui qui se sent moins coupable qu'elle, la lui jette.*

Le deuxième sujet, *la Samaritaine;* c'est le moment où le Christ lui dit: *Si scires donum Dei et quis est, qui dicit: da mihi potum;* « Si tu connaissais le don de Dieu et quel est celui qui te dit: donne-moi à boire. » Ce sujet est trop grand pour un si petit espace; aussi gagnerait-il à être dans des proportions plus étendues.

Dans l'ogive, *la Transfiguration*; le fond bleu et le vert de la montagne sont d'un éclat digne de remarque.

Au-dessus, au plafond, sous les arceaux, une clé de voûte assez originale; sujet tiré de la Vierge qui tient l'enfant Jésus, et est emportée au ciel par les anges.

C'est après ce vitrail que l'œil de l'artiste est heureux de rencontrer deux portes, de construction gothique, l'une dont nous avons parlé précédemment (voir note p. 58), et l'autre qui mérite une attention spéciale. Cette porte est remarquable par sa coupe svelte et la légèreté de ses ornemens en fer dentelé, parfaitement conservés. Elle est encadrée dans des filets et moulures d'une exquise simplicité. Elle communiquait anciennement de l'église à la chambre du trésor; le dessus de cette porte se termine par deux colonnettes à facettes édentées, à relief, et encadrent, en quelque sorte, un *Ecce homo* d'assez mauvais goût [1]. En revanche, la dentelle acanthée du support est d'une fraîcheur ravissante.

Généralement, dans les trois chapelles qui suivent, les vitraux sont aux deux tiers brisés; mais ils ont été rétablis *à la moderne*, c'est-à-dire remplacés par des verres blancs, placés dans des mailles de plomb et encadrés par un lozange en couleurs jaunes. Ces réparations eurent lieu au milieu du XVIIIe siècle, comme l'indique le millésime 1748, répété trois

---

[1] Cet *Ecce homo* est de construction toute moderne: le corps est encore couvert des traces du pinceau d'un peintre qui l'a singulièrement mal badigeonnée.

fois sur la porte latérale de droite du
milieu du chœur. La verrière de la chapelle du Saint-Esprit fournit une preuve
à l'appui de cette assertion ; elle subsiste
encore aux deux tiers brisée; au bas se
trouvent ces mots :

« Les vitres et le fil d'archal de cette chapelle
« qui avaient été rétablies par les séants d'icelle
« en l'an 1566, ont été par eux réédifiés en 1758
« Jean Thorel, échevin. (Lebrun, pinxit.) »

La chapelle dite de Saint-Nicolas
(anciennement de Saint-Pierre) et celle de
Saint-Jean sont une nouvelle preuve de
cette mutilation. La chapelle Saint-Jean
surtout, renferme une page de l'histoire
page honteuse pour les fanatiques religieux qui vinrent fondre sur Caudebec
au XVIᵉ siècle, et s'abattre sur les églises

comme sur une proie. Honte à vous! anciens réformistes, qui avez un cœur dur comme les murailles de vos temples! honte à vous qui n'avez pas voulu reconnaître le culte de Marie; honte à vous dont les mains sacriléges ont profané ses autels! Vous avez beau faire maintenant, vous n'effacerez jamais ces strophes qui vous condamnent :

A GAUCHE.

Par les troubles
En l'an cinq cens soixante et deux,
Douzième de may, ce me semble,
Furent détruitz nouviaulx et vieulx
Meubles et verres tout ensemble.

A DROITE.

Mais le bon Dieu qui tout rassemble,
A tant qu'en l'an soixante et six,
Des deniers ramassés ensemble,
Du thrésor ont été rassis. 1566.

Ah ! si l'histoire pouvait s'écrire toujours de cette manière !

Passons à la chapelle de la sacristie :

En présence d'une boiserie remarquable par sa sculpture, d'un style simple, panneaux à facettes, et fort heureusement intacte, l'on éprouve une illusion, un plaisir tout-à-fait opposé à celui que l'on vient de goûter. Cette boiserie n'est évidemment pas en rapport avec l'église; mais c'est un bienfait que de l'y avoir placée et d'en avoir décoré la sacristie. Elle provient de l'église de l'abbaye de Saint-Wandrille.

Mais, s'il est heureux pour l'artiste de pouvoir admirer cet unique morceau d'art, digne d'une époque plus religieuse, il est pénible que le sentiment des convenances religieuses prive, d'un

utre côté, l'observateur de la vue de
eux verrières aussi curieuses par leur
ncienneté que par la complexité des su-
ets qui les composent. En effet, tout le
nonde connaît, et saint Roch, et saint
Nicolas, et sainte Catherine, ces patrons
évérés de la jeunesse; mais, ce que bien
eu ont vu, parce que la sacristie est
ermée pour l'observateur profane, *c'est
omment*, en commençant par la gauche,
aint Nicolas est né. Sa mère est au lit :
l est représenté deux fois dans ce seul
vitrail : d'abord, dans les bras de sa mère,
et on sait que l'esprit de mortification
était inné chez lui au point qu'il refusa
le sein nourricier; puis, au bas du lit
c'est encore lui, entouré d'une auréole et
étonnant sa nourrice par son calme à supporter l'eau froide avec laquelle elle lave
ses membres délicats.

A côté, saint Nicolas allant prier de grand matin à la porte de l'église du monastère de Sion, est élevé subitement au siége épiscopal de Mire; puis deux épisodes nouveaux de sa vie: d'abord, saint Nicolas délivrant des innocens, guérissant des malades et ressuscitant un mort. Au-dessous de sa *naissance*, il rend la liberté à trois suppliciés, l'implorant à genoux : ils portent la toilette du condamné, et ont la corde au cou. A côté, trois larrons de leur prison, aperçoivent saint Nicolas, le prient avec ferveur : le saint se retourne, et les barreaux de la prison tombent à sa prière.

Les vitraux placés près de ceux-ci ont souvent arrêté bien des savans : que signifient ce transbordement de blé ce vaisseau? Un acte bien simple : ouvrez le livre des saints, et vous trouverez que saint Nicolas, dans une famine, fit distribuer du blé aux pauvres ; et, à côté, saint Nicolas, les mains jointes sur son lit de mort, a en vision les saints anges qui lui montrent sa dernière demeure : aux pieds de son lit, des malades viennent le visiter pour leur guérison.

Les quatre vitraux inférieurs représentent encore trois actes de la vie du saint : son naufrage en mer, à gauche ; puis, saint Nicolas formant à la religion de J.-C. les peuples qui lui sont confiés ; à côté, il détourne l'orage, et protège contre les fureurs de la tempête le vaisseau qu'il monte. Enfin, son inhumation en un tombeau de marbre blanc, au monastère de Sion. Cette verrière est postérieure à l'église, ou, peut-être, comme celle de saint Crespin, de Saint-Jean-Baptiste, faisait-elle partie des vitraux de l'ancienne église de Saint-Pierre-des-Planquettes. Il est curieux de voir sous quelle forme l'artiste a peint les signes d'une tempête. Ce sont des diables ailés, des monstres, enfin, qui semblent déchaîner les vents et le tonnerre. Ces vitraux presque inconnus sont bien endommagés et exigent d'urgentes réparations; sinon on doit s'attendre à les voir se briser sur les dalles, au premier moment. Aussi, épargnez-nous cette douleur, riches et puissans conservateurs de notre époque, et faites qu'un jour l'inscription suivante puisse vous être appliquée:

1603

Pour ces vitres conserver
Les céans de la chapelle
Ont fait preuve d'un bon zelle
Les chassis y apposer.

Dans la sacristie se trouve une seconde verrière dédiée à plusieurs saints.

En haut, à droite dans le coin, des lépreux et des pestiférés viennent implorer saint Roch ; ils entourent son tombeau. Au-dessous, c'est encore ce saint étendu à terre. La croix jaune que l'on aperçoit sur sa poitrine nue, et qu'il avait en naissant, comme présage de sa sainteté, le fait reconnaître par sa mère, qui se dispose à l'ensevelir.

Au-dessous, supplice de saint Maximin à qui l'on ouvrit le crâne, dans lequel on versa du plomb fondu ; et saint Adrien et saint Sébastien, reconnaissable au paquet de flèches qu'il porte.

Près du vitrail de saint Roch, saint Laurent supplicié en présence de l'empereur Valérien et de son favori Macrien.

Au-dessous, supplice de saint Sébastien, et saint Hubert à genoux devant le cerf : histoire trop populaire, et qui doit se contenter de cette seule indication.

La partie supérieure de cette verrière représente trois sujets de la vie de sainte Catherine : à gauche, supplice de la sainte. L'artiste a pris le moment où la roue se brise en éclats qui tuent tous ceux qu'ils atteignent. A côté, l'impératrice Faustine, accompagnée du capitaine Porphyre, va visiter sainte Catherine dans sa prison. Des hommes, armés d'ongles de fer, lui déchirent le corps, par ordre de l'empereur Maximien. Au-dessous, l'impératrice s'étonne de trouver le corps de sainte Catherine entièrement guéri de ses plaies, et sa figure d'une beauté plus éblouissante encore. Au bas,

saint Nicolas venant de sauver trois enfans qui allaient se noyer.

Les deux autres vitraux m'ont paru
être saint Trajan, empereur romain : des
faisceaux sont à ses pieds ; et saint Charlemagne : il tient la boule du monde dans
sa main.

Malheureusement, l'inscription de cette
verrière, comme les inscriptions partielles
de l'autre, sont tellement détériorées,
qu'il est difficile, pour ne pas dire
presqu'impossible, d'en composer un
tout. Ah! si le Comité historique des
arts et monumens le voulait, notre reconnaissance lui serait bien vite acquise!
Pour cela, il ne faudrait que déplacer ces
deux verrières de cette chapelle, trop
souvent fermée, et par conséquent incon-
nues, et d'en décorer deux chapelles la-

térales. La sacristie serait assez riche par la boiserie qui lui resterait, et ces vitraux, ainsi déplacés, répandraient une teinte uniforme sous les arceaux de l'église, qu'ils assombriraient.

Cette partie de l'église est sans contredit la partie la plus riche, la plus intéressante : là se trouvent de véritables objets d'art précieux, là le maître maçon a fait preuve de génie. A l'entrée brillent les verrières ; près du chœur resplendit l'œuvre du statuaire et du sculpteur. En effet, sur la gauche, se trouve, adossé au mur, un élégant baldaquin, surmonté d'un *Christ au calvaire*. Marie et Madeleine pleurent au pied de la croix : ces deux têtes sont les seuls morceaux qui attestent les ravages des fureurs révolutionnaires, car le reste du baldaquin vient d'être restauré par les soins de M. Le Sage. Les colonilles ont repris leur ancienne splendeur dentelée, les niches leurs saints, les échancrures pendentives leurs fleurons acanthés. Mais pourquoi donc n'avoir point isolé ce saint lieu ? Cette chapelle, toute de douleur et d'expiation, devait n'emprunter rien à l'art moderne. Vis-à-vis le baldaquin on a placé une armoire pour les ornemens du culte; on a élevé un autel en bois moderne, beaucoup trop simple pour un objet d'art gothique, de détails si gracieux. Pourquoi ne pas remplacer cet autel par le christ qui se trouve dans cette même chapelle? Ne prierait-on pas aussi bien au pied d'un tombeau du Christ, dont la tête regarderait le maître autel? Ce déplacement opéré (et il y a quelques années que cela existait

ainsi), cette chapelle deviendrait réelle-
ment celle du Saint-Sépulcre.

Ce Christ au tombeau, ainsi que les
sept statues qui l'entourent, viennent de
l'abbaye de Jumiéges. L'auteur de cette
œuvre est inconnu : il nous a semblé que
le corps, de fortes proportions, péchait
par la tête, qui ne devait pas être du même
sculpteur. Elle est trop coquette, trop
achevée, et ne répond pas au grandiose
des muscles et des contours du corps.
La main droite et les pieds sont d'une
exécution remarquable.

Les sept statues sont : la Vierge retenue
dans les bras de saint Jean, d'un seul
morceau; Marie Magdeleine aux pieds du
Christ; Nicodême tient le linceuil; les
deux autres statues sont Marie Jacobé,
Marie Salomé, sœurs de la Vierge, en cos-

tume d'une époque postérieure au reste de l'ouvrage.

Près des vitres de cette chapelle, beaucoup trop éclairée, l'œil aperçoit une Mère de pitié : cet ouvrage, peint et doré, encore assez bien conservé, provient aussi de l'abbaye de Jumiéges. Ce groupe, composé de quatre figures, est supporté par un cul-de-lampe découpé entièrement en rinceaux. Un baldaquin de forme originale surmonte cette œuvre, qui paraît remonter, ainsi que le reste, au xive siècle.

Le sanctuaire de la Vierge mérite une attention spéciale; le genre d'architecture recèle un ordre d'idées toutes particulières; l'artiste qui a travaillé à ces deux chapelles n'a point oublié qu'il élevait un autel à Marie et au fils de Marie,

aussi y a-t-il apporté un soin infini,
voulant, ainsi, montrer aux siècles futurs
la délicatesse de sa pensée et en faire re-
jaillir l'éclat resplendissant. De là cette
admirable clé de voûte, ce pendentif délicatement sculpté et suspendu en l'air
d'une manière si gracieuse. Sa chute du
plafond dépasse quatre mètres. A l'extrémité, se trouvait l'écu de la ville; pourquoi
avoir supprimé ce blason? Caudebec n'est-
elle plus sous la protection de la Vierge?
y aurait-il donc encore, au XIXᵉ siècle,
des hommes qui rougiraient d'un pareil
patronage? Allons, sculpteurs, à l'œuvre
dès demain; rétablissez les armes de la
ville; cet écu d'un blanc mat fait dispa-
rate et contrarie la vue; rendez donc
bien vite la vie à ces écussons qui rede-
mandent leurs titres et leurs saumons.

On les a bien restaurés à droite de l'entablement, pourquoi donc avoir attendu si long-temps? A l'œuvre, artistes, et la Vierge et les hommes vous sauront gré de cette restauration.

L'entablement placé au milieu de cette chapelle date du xviie siècle; il fut donné, à l'église, par le sieur Lepicard, conseiller du roi et procureur de toute la juridiction de Caudebec, et par demoiselle Jehanne de Caumont, son épouse. Sa première destination était derrière le maître autel; il est l'œuvre d'un sieur Lourdet, peintre et sculpteur; quatre colonnes torses dorées le supportent; au milieu se trouve une *Assomption* du même peintre, qui a reçu, de la fabrique, 1150 livres, pour prix de ses veilles.

A droite, il faut admirer une piscine d'une coupe élégante et restaurée avec goût, lire l'épitaphe du maître maçon de l'église[1], et prier la Vierge de rendre à Caudebec son ancienne importance industrielle.

[1] Ey deuat git Guillac le Tellier, natif de Fotaines le Pin, près Fallaize, en so uiuat maître maco de ceste églize de Caudebec, qui, par lespace de trente ans, au plus, en eu la conduite, pendant lequel temps a acheue loo et sous elles, avec le haut de la nef d'icelle églisse plafode et esleue tout le cœur et chapelles entor icelle, et leue jusqu'aux premières allées avec la clef pendente de cette ptite chapelle, et trespassa le 1er jo de septembre l'an mil IIIIe quatre vings et quatre, ou delaissa sept solz six deniers de rente à ceste presete églisse. Priez Dieu pour son ame. Amen.

Près de cette épitaphe, un Jonas en albâtre, qui remonte au XIIIe siècle. Ce morceau fut trouvé dans l'église, à Caudebec, et restauré par M. Lesage.

En quittant cette chapelle, l'œil aime à se délasser en rencontrant des statues, des objets d'art d'un intérêt secondaire; ainsi, la statue de saint Clair, ancien abbé de Saint-Wandrille, évêque, et celles de sainte Christine, de saint Maurice et de sainte Cécile, se trouvent adossées à la chapelle Saint-Georges.

Ici, encore une prise avec l'histoire, encore un doute à exprimer, une opinion à énoncer, sur le saint Georges, représenté en demi nature. Cet ouvrage, qui a le cachet de l'originalité, doit appartenir à la fin du XIVe siècle. La peinture et l'or qui recouvrent l'armure du cavalier, sont encore parfaitement conservés. Le dragon ailé, que son cheval foule aux pieds, et que lui-même transperce avec sa lance, est une œuvre que ne désa-

8

voueraient pas nos artistes modernes qui
visent au gothique. On raconte, à qui veut
l'entendre, que ce groupe vient de Jumiéges; mais, comme l'église de Caudebec
est, en quelque sorte, le musée religieux
de l'arrondissement d'Yvetot, et qu'elle
possède des statues de saint Clair et de
sainte Gertrude, provenant de Saint-
Wandrillle, des groupes venant de Jumiéges, n'y aurait-il pas plus de raison de
supposer que le cavalier, vêtu simplement
comme l'étaient anciennement les cava-
liers anglais, et représentant saint Georges, provient de l'abbaye même de Saint-
Georges-de-Bocherville, et qu'il aurait
été apporté à Caudebec, de cet endroit,
comme l'ancienne pierre tumulaire d'A-
gnès Sorel avait été portée à Rouen, de
Jumiéges, et comme, de Jumiéges, ont

été apportés les statues et le Christ que l'on a vus dans la chapelle du Saint-Sépulcre? Autrefois, dans cette chapelle de Saint-Georges, il y avait une porte de communication; elle a disparu, et est remplacée par une boiserie qui jure de se trouver à côté de ce morceau gothique.

Vient après la chapelle dite de Saint-Pierre, qui devrait s'appeler, de préférence, la chapelle Saint-Ouen; en effet, cette clé de voûte, aux armes de la ville de Rouen, ne fut pas placée là par hasard. Elle indiquait que les abbés de Saint-Ouen, lors de leur passage à Caudebec, disaient la messe seulement dans cette chapelle, qui leur était privilégiée; c'était une marque de déférence des abbés de Saint-Wandrille pour les riches et puissans abbés de Saint-Ouen, qui, comme on le sait, relevaient du roi de France. Les vitraux de cette chapelle sont brisés; ce qui reste est peu intéressant.

Dans la chapelle suivante, dite de Saint-Jacques, placée en clé de voûte, on lit l'inscription suivante :

« Maistre Louis Le Picard prestre, curé de Caumont, a fundé cette mese à dire en cette chapelle tous les vendredis de l'an. »

Louis Le Picard était, sans doute, un parent du sieur Le Picard, marié à demoiselle de Caumont, qui firent don à l'église de l'entablement que l'on trouve dans la chapelle de la Vierge.

La chapelle, dite de Saint-Michel, prend son nom de la clé de voûte qui représente ce saint au moment où il repousse un monstre qui n'est autre chose que Satan. Cette clé de voûte est digne de remarque par son originalité. Les vitraux de la verrière représentent, en commençant par la droite, sainte Barbe martyre, sainte Madeleine Thuriféraire, saint Michel et sainte Catherine; près d'elle, une épée et une roue; au-dessus de la porte latérale, la Vierge tenant Jesus enfant, « *il Bambino* », comme dit le Dante; encore sainte Catherine et deux autres saints inconnus.

Rien de curieux dans la chapelle suivante, dite Saint-Éloi, si ce n'est quatre saints, en commençant par la droite :

Sainte Clotilde, fondatrice de l'église des Andelys : elle tient une église dans sa main.

Saint Éloi, reconnaissable à son martelet d'orfèvre.

Saint Antoine, étranglant un porc. La

couleur gris-sale de sa cape est exquise, et cette teinte, bien nuancée, que les artistes atteignent rarement sur verre, mérite quelques instans d'attention.

Saint Fiacre, tenant une bêche à la main.

On peut admirer, dans la chapelle suivante, dite de Saint-Crépin, à droite, Dieu le père, à ses pieds le Sauveur, puis saint Paul et saint Jacques, enfin saint Crépin, le tranchet à la main; à côté de lui saint Crespinien, tenant une alène dans sa main droite; à ses pieds, un panier rempli de formes et d'outils de sa profession.

On lit au-dessous l'inscription incomplète :

Cette verrière fut faicte l'an...... des deniers....

Le dessin en est très grossier : le style

a un cachet de barbarie qui ne correspond aux autres vitraux, ni même à la partie supérieure de l'ogive, où brille intact l'écu de la ville : trois saumons d'argent en un fond d'azur. Cet écu nous a aidé à faire celui que nous avons joint au plan de la ville. Quelquefois cet écu était surmonté d'une couronne ducale. C'est ainsi qu'il se trouve dans la maison qu'occupe le sieur Lebas, aubergiste, et qui passe pour être l'ancienne *maison commune* de la ville.

Dans la chapelle suivante, on reconnaît, dans la verrière à droite, le corps de saint Denis, recueilli par une femme qui le met dans un linceul; puis sainte Anne de Bretagne, son livre d'heures à la main, et Blanche de Castille, toutes deux anciennes reines de

France; aux pieds de celle-ci, son fils saint Louis, en costume de guerrier, et partant pour la Terre sainte; enfin saint Denis, évêque de Paris, tenant sa tête en ses mains, et recouvert d'un manteau royal bleu abbatial, semé de fleurs de lis; au-dessus, le blason de l'abbaye, une croix fleurdelisée aux quatre coins, semée en un fond carmin. Sont adossées au mur, les statuettes de saint Roch et de saint André, qui donne le nom à cette chapelle.

Dans celle qui vient après, et porte le nom de saint Sébastien, l'œil s'arrête avec extase, et contemple, avec une indicible joie, la magnificence de coloris d'une verrière de grande dimension; qui s'y trouve. C'est, sans contredit, la plus correcte de toute l'église; le sujet en est grandiose; l'artiste s'est inspiré de ce passage d'Isaïe : *Radix Jesse qui stat in regnum populorum.* « Arbre de Jessé qui brillera dans l'univers. » En haut de l'ogive, le pieux roi David pince de la harpe devant Saül ; puis, à droite et à gauche, Salomon, Jeroboam, Nadab, Achab et Joas, rois d'Israël ; au bas de la verrière, Jésus méditant ; à sa droite, Jacques et Philippe. Les deux encoignures de la partie inférieure de cette verrière sont occupées par des abbés de Saint-Wandrille et des religieuses dites de Sainte-Augustine, à genoux, et priant Dieu, les mains élevées vers le ciel ; ces personnages de petite dimension, parfaitement costumés, regardent le maître-autel.

Au bas, une piscine charmante. Quand donc le bon goût, la convenance reli-

gieuse fera-t-elle justice de cet égoïsme
qui pousse à faire de ces charmantes
piscines des armoires à livres de messe ?
Mieux vaudrait les masquer entièrement.
Chrétiens, souvenez-vous que J.-C. a
porté sa croix jusqu'au Calvaire. Imitez-
le donc ; votre croix, à vous, est un fardeau léger ; un livre d'heures peut-il donc
tant peser, que vous ne puissiez l'ap-
porter vous-même chaque fois que vous
vous rendez à l'office ?

La dernière chapelle latérale de gauche
est celle des Fonts baptismaux, ou plutôt
celle de saint Jean-Baptiste, parce que
la vie de ce saint est presqu'entièrement
reproduite sur la verrière. Aussi, pour
cette fois seulement, nous commencerons
par le haut de l'ogive. Zacharie est en
prière. L'ange lui apparaît.

Inscription.

A Zacharie, au temple
L'ange a dit
Ta femme aura un fils
Dieu l'a prédit.

A droite : naissance de saint Jean. Sa
mère tient l'enfant dans ses bras ; d'une
main elle tient une cuiller, qu'elle lui présente.

Lorsque l'enfant vint au mondain lieu
Chacun rendit grâces à Dieu.

A gauche : Jean est présenté au temple ;
son père tient une bande de papyrus,
sur laquelle on lit :

Johès (Johannes) *est nomen suum.*

Au-dessous :

Monstrant qu'il soit prophète de regnom.
Son père écrist que l'enfant Jean auroit nom.

Au milieu, Jean-Baptiste dans le désert.

Inscription.

En ses sermons eloquens et disserz
Plusieurz il a baptisez au déserz.

A droite : Baptême de Jésus-Christ dans le Jourdain. Au-dessous, inscription incomplète :

Depuis amp qui tç. . . . .
Dedens Jourdain baptise Jesus=Christ.

Incarcération du saint ; le bourreau le fait entrer dans la prison. Inscription au-dessous :

Hérode . . . . . . adultère et infame
L'emprisonna au vouloir d'une femme.

Décolation de saint Jean-Baptiste. Inscription incomplète :

Herodas . . . . . queq. . . . . tete
Voulut avoir le chef du profete

Les disciples de Jean recueillent son corps.

Inscription.

Entonnant chants, cantiques et accords
Ses disciples emportèrent son corps.

Ensevelissement du saint par ses disciples.

Puis ensebsté eslirent en sépulture
Près l'Elisée en mémoire future.

Vitrail en très mauvais état. Confréries en prières, sans doute de Saint-Wandrille et des religieuses Augustines.

Inscription incomplète.

L'an mil v et xxx Chomel . . . . . .brier et
Colette Rigault sa femme donnèrent ce vitrau.

Ce fut là un beau don pour l'église. Cette verrière a beaucoup d'analogie avec

9

celle de l'église de Villequier, près Caudebec, sur le même sujet : celle-ci a un
plus grand nombre de traits sur la vie
du saint. L'autre est plus riche par le
coloris. Croirait-on que, jusqu'à ce jour,
des chaises amoncelées dans cette chapelle qui leur servait de magasin, privaient
l'artiste ou le voyageur de cette vue, et
dérobaient même aux regards une piscine dentelée à jour, qui se trouve au-
dessous, et des peintures à fresque sur
le mur de droite ? Aussi, voici les résultats : les pieds de ces chaises ont détérioré
en beaucoup d'endroits cette verrière, et
l'humidité a mangé presque totalement
des peintures à fresque dont on ignorait
l'existence. Les sujets de ces peintures,
dont nous avons retracé les traits, étaient
la *Conception de la Vierge* ; la *Résurrection*

de Lazare ; la *Naissance de J.-C. à Bethléem ;* la *Circoncision ;* les deux autres
sont indéchiffrables.

Au-dessus, l'œil rencontre et admire
quatre pendentifs, dont un seul est resté
intact : c'est au milieu de ces quatre
pendentifs que se trouvait anciennement
cette lourde machine , comme l'appelle
Toussaint-Duplessis, *dite des Fonts baptismaux ,* actuellement scellée dans la
seconde colonne de la nef, à gauche.

Ces fonts sont en bois sculpté, et de
forme octogone. C'est une œuvre de
patience ; ces fonts se roulent à volonté
sur pivot, et flatteraient davantage la
vue, s'ils étaient placés plus avantageu-
sement, c'est-à-dire scellés dans le mur
de la chapelle qui nous occupe. Évidemment, leur place fut là anciennement ;

et maître G. Letellier aurait droit de venir,
comme Jésus, la corde à la main , chasser
du temple l'impie assez irréligieux pour
conserver , malgré nos nombreux avertis-
semens , les montagnes de chaises qu'il
y accumule continuellement. Chaque
panneau de ces fonts est partagé par une
colonne corinthienne cannelée. Au haut,
l'œil découvre ce verset de saint Jean :

Nisi quis renatus fuerit ex aquâ et spiritu sancto
non poterit introïre in regnum Dei. 1616.

Le haut de cette coupole n'est pas en
harmonie avec le reste de l'entablement.
Avant 93, il était nécessairement de forme
octogone, comme le reste de l'ouvrage.
Mais n'accusons personne de cette mutilation : la découverte du reste de ces
fonts est un bienfait immense pour la
ville, pour l'église, pour l'artiste qui le

sculpta , comme aussi pour la main habile qui regratta avec intelligence ces panneaux entachés de boue, et les rendit ainsi à leur ancienne destination. [1]

Voici quels sont les sujets sculptés :

Numéros.

1. *Naissance du Christ à Bethléem.* Au-dessus, l'ange éveille les pasteurs, en chantant le *Gloria in excelsis.*

2. La *Circoncision.*

[1] M. Vinet, sculpteur, qui restaure avec beaucoup de goût la chapelle du Saint Sépulcre. C'est à lui que l'on doit aussi la restauration de la chapelle de la Vierge et du dessus de la porte de l'orgue. Il serait à désirer que ce jeune artiste ne vît pas ses idées con-trariées par le goût anti-architectural de l'entrepreneur actuel des travaux de la ville, qui paraît ne tenir aucun compte des observations judicieuses de M. Grégoire, architecte en chef du département.

. . .

3. *Baptéme de J.-C.* Au-dessus, à droite, saint Jean prêche dans le désert. A gauche, il annonce la venue du Messie.

4. *J.-C. rend la vue à l'aveugle né.* Au-dessus, l'aveugle vient le remercier. — Le *Paralytique* dans la piscine de Siloë.

5. *Ascension de J.-C.*

6. *Premières prédications de saint Pierre dans Jérusalem.*

7. *Saint Philippe convertit et baptise l'eunuque de Candace, reine d'Éthiopie.*

8. *Conversion et baptéme de saint Paul.*

9. *Adam et Eve placés dans le désert.* Plus bas : le démon, sous la forme d'un serpent à tête de femme, leur fait abattre le fruit défendu.

10. *Caïn et Abel.* Leur sacrifice. Plus bas : mort d'Abel.

11. *Sacrifice de Noë*, à la sortie de l'arche.

12. *Sacrifice d'Abraham.*

13. *Passage de la mer Rouge.*

14. *Le serpent d'airain. Moïse et Aaron. Les Israélites dans le désert.*

15. *L'arche sainte transportée à Jérusalem. Construction du temple.*

16. *Conversion des Juifs.*

Enfin, il ne faut pas passer sous silence le sujet de la verrière placée au-dessus de la porte latérale de gauche. L'artiste a pris pour sujet la *Présentation de la sainte Vierge*, qui vient au temple et se présente à saint Siméon ; c'est ce personnage recouvert d'une tunique en drap d'or. Il est regrettable que ce vitrail soit dans un état de détérioration tel, qu'à peine si l'œil peut distinguer les parties distinctes de cette œuvre. Cependant, la robe grenat d'un personnage placé près d'une colonne ornée de grisailles, répand un reflet velouté, qui se marie parfaitement avec l'éclat de la robe rouge et bleue de la Vierge, qui est sur le devant ; la tête de Marie est ravissante d'extase.

Ce vitrail a besoin de réparations : elles sont même urgentes. Ne serait-ce que parce qu'il est le seul qui rappelle un trait de la vie de la mère du Christ, il eût dû jouir le premier de l'avantage que l'on a accordé au vitrail de droite, actuellement chez un peintre de Rouen. Inscription au bas :

Le vicomte de Caudebec a donné cette Madel....

Avant de quitter l'intérieur de l'église, il faut admirer le jubé, ou tribune de l'orgue, le buffet d'orgue, et le lutrin en cuivre.

Il représente un aigle, et fut donné à l'église par Catherine Cavelet, en 1626, ainsi qu'une lampe d'argent, et une table pour l'autel, en marbre blanc, dit de Sainte-Anne. Sur cette table sont gravés ces mots :

> CATHERINE CAVELET. — Au ciel née et chérie.
> Ce 12e de mars 1656.

> Priez Dieu pour le repos de son ame.

Quant au jubé-pupitre, *est-il dit dans les archives de la fabrique*, il a été construit en 1579, et a coûté 777 l. 10 s. Il fait saillie, ne paraît soutenu par aucun contre-fort extérieur, et est orné de figurines du style de la renaissance. Ces bas-reliefs représentent les attributs de la musique, sous forme de satyres placés à droite et à gauche, et jouant du sistre et du tympanum.

Près de là se trouve une petite porte très originale et surmontée d'un médaillon : le portrait de ce médaillon est celui du capitaine Mignon, commandant militaire de Caudebec sous Louis XI, et semble indiquer sa place à l'église. Cette porte conduit au buffet d'orgue. C'est à tort que l'auteur de la *Description de l'arrondissement d'Yvetot* dit que *l'orgue* de Caudebec date de 1547, et que la tribune qui le supporte fut reconstruite en 1579. Je ne sais qui a pu faire croire à une reconstruction dans cette partie la mieux conservée de toute l'église

Aucune trace de cela n'existe dans les papiers de la fabrique.

Cet orgue est encore d'une grande valeur, malgré les fréquentes réparations qu'il a subies.

Au-dessus se trouve une rosace belle de couleurs.

L'église, telle qu'elle est de nos jours, passe, avec raison, pour le troisième monument antique de Normandie; elle n'a pas de transept : « Son vaisseau est admirable, quoique la largeur des sous-ailes soit inégale. En effet, la sous-aile méridionale présente cinq mètres de large, tandis que celle du côté opposé en a à peine quatre. Sa longueur intérieure est de cinquante-sept mètres, et sa largeur de vingt-deux mètres. La nef principale, sous clé de voûte, a

vingt-deux mètres de haut, et les deux
sous-ailes neuf. Le chœur a vingt mètres
de long ; le nombre des fenêtres de l'édi-
fice est de quarante-huit, y compris la
rosace du bas ; on y compte dix-neuf
chapelles.... » Puissent ces détails tech-
niques empruntés, être exacts ; il faut y
joindre celui-ci, qui fixe l'attention de tous
les connaisseurs ; c'est que le rond-point
de la voûte, à l'extrémité du chœur, est
simplement formé de deux lignes droites,
et vient se terminer en pointe aiguë, au
lieu de décrire une portion de cercle ;
cette exécution, par la hardiesse qu'elle
est, passe pour un chef-d'œuvre d'architecture. Puisque nous sommes près du
chœur, rappelons l'existence d'un jubé,
d'un christ et d'une pyramide qui se
trouvait adossée du côté de l'évangile,

et servait de tabernacle pendant les fêtes du Saint-Sacrement ; on lisait encore sur la porte, en 1772.

Flecte genu, lapis hic venerabilis hospite X^{to} (*christo*).

Ainsi que le jubé, cette pyramide fut détruite en 1793 ; le crucifix, morceau d'étrange composition, eut le même sort. « Ce n'était ni la Vierge, ni saint Jean, ni « la Madeleine, qui se tenaient au pied « de la croix, mais bien le père du genre « humain, Adam, vêtu d'une ceinture « de feuilles d'arbres, et recevant dans « une coupe, qu'il tenait de la main « droite, le sang qui coulait des plaies « du Seigneur ; idée sublime, etc.......» (Manuscrit de l'abbé Miette.) Ici s'arrête notre tâche de cicerone, pour l'intérieur de l'église. Il faut laisser

10

le voyageur se reposer à la sortie.... Il a
vu tant de belles choses, le repos lui est
nécessaire. Mais non ! il veut encore
éprouver une douce sensation; il s'est
épris d'amour pour cette belle église; il
veut, avant de la quitter pour toujours
peut-être, la voir, la revoir encore;
alors, amant passionné, il est le jouet
d'une illusion nouvelle; car, en changeant
de place, sa vue s'est arrêtée sur d'autres
richesses.

Là, toujours la même coquetterie de
style; là, même surabondance d'ornemens élégans; souvent, même, le grandiose architectural apparaît à côté des
détails découpés avec un art infini. C'est
le portail, d'abord entouré de médaillons
supportés par des dauphins qui feraient
supposer qu'ils étaient autrefois em-

preints des traits des hauts et puissans seigneurs du vicomté de Caudebec. Ce sont les voussures qui répandent à profusion la dentelle des feuilles d'acanthe, dont elles sont formées; puis, ce sont ces niches à facettes, ces colonnettes élégantes, ces statuettes figurines si délicatement groupées les unes au-dessus des autres; c'est, en un mot, l'aspect extérieur de l'église, qui le saisit et le transporte.

Ce monument modeste ne tend pas à toucher la nue, car quarante mètres seulement l'élèvent au-dessus du sol; il n'a pris sur terre qu'une place ordinaire, car il ne projette que trente-cinq mètres d'ombre. D'où vient donc que l'ame est saisie d'étonnement et de plaisir, en voyant ce triple portail si régulier et si

coquet, si gracieux et si grandiose, si
petit et si grand, si digne de rendre religieux et catholiques ceux même que la
politique devait contraindre à rester huguenots? Ah! c'est que le vent qui vient
bruire à travers cette armée de tourelles
angulées, forme en quelque sorte un
concert d'anges, qui fait naître en vous
un religieux souvenir; oui, *le souvenir!*
Ah! mon but sera rempli si le récit fidèle,
si le souvenir écrit de tant de richesses
artistiques, vous a fait prendre d'avance,
lecteur ou voyageur, le dessein de revenir
à Caudebec.

❦

CHAPITRE IV

Promenade artistique dans Caudebec.

OUI, voyageur, sois assez généreux pour ne pas oublier,
après l'église, ces autres parties
de la ville non moins curieuses par leur
vieille antiquité. Sur la place Saint-
Pierre, d'abord, en sortant, se pré-

sente, au coin, l'ancienne maison des religieuses dites Saint-Augustines. Presque vis-à-vis, une maison du xive siècle avec pignon sur rue : aux deux angles du pignon, deux gargouilles assez curieuses : les fenêtres carrées portent des barres de fer. Cette maison est actuellement la propriété et l'habitation de M. E. Desbois, maire de Caudebec.

Sur la même place, une maison gothique, en bois, du xvie siècle : c'est là que coucha Henri IV. Autrefois, deux médaillons, représentant Henri IV et Sully, en décoraient la façade : 93 les fit disparaître. A gauche, en regagnant le port, un vieux bâtiment servant autrefois de prison, et aujourd'hui de magasin.

Rue du Tripot, l'œil rencontre une très vieille habitation, dont la porte d'en-

trée est à plein cintre : quelques-unes des
fenètres ont conservé leurs ogives ; d'autres
ont cela de particulier, qu'elles sont
carrées à l'extérieur et cintrées à l'intérieur. Son origine date du xiiiᵉ siècle.

Rue de la Cohue, il existe encore une
maison en bois, qui date du xviᵉ siècle ;
le bas, au-dessus de la porte, est orné
d'une frise composée de feuillages.

Rue de la Vicomté, la maison habitée
par M. Rondel, négociant, n'est pas moins
digne d'attention. Le propriétaire actuel
se plaît à montrer deux endroits où il a
trouvé des boulets, sans doute reçus dans
le dernier siége de Caudebec : cette maison, justement, se trouvait la première,
près la porte de Rouen.

Place de la Rive, il faut visiter la maison avec *avant-solliers* : dans l'intérieur

de la cour, à gauche en entrant, une porte en bois fort curieuse, avec choux et écus aux armes de France et de Caudebec. Cette maison va devenir la propriété de la ville, qui conservera, nous n'en doutons pas, ces vieux restes vermoulus, signes d'une grandeur déchue. Sur son emplacement doit s'élever une halle aux grains, dont la façade, surmontée d'un écu, portant trois saumons, rappellera qu'en cet endroit s'élevait l'ancienne *commune* de Caudebec.

Rue de la Halle, une ancienne maison où se trouvaient les fourneaux du sieur Lebrun, peintre très instruit sur cette matière. Cet artiste, qui a restauré une grande partie des verrières brisées, avait fait, sur la peinture sur verre, un ouvrage que nous avons tâché de nous procurer auprès de la famille Legendre, tenant à Caudebec l'hôtel du Commerce. Ce manuscrit, nous ont-ils dit, a été, avec bien d'autres *vieilleries*, porté au Havre. Nous ne savons ce qu'il est devenu. Heureux si notre Essai tombe dans les mains du propriétaire actuel de ce manuscrit! La France artistique lui saurait bon gré de cette publication.

Dans la Grande-Rue, il faut voir la porte du n° 54 : cette porte est intacte, parfaitement conservée ; elle date du xve siècle : actuellement habitée par M. l'inspecteur des Eaux-et-Forêts, elle était autrefois la demeure de l'intendant du roi.

Le grand Bailliage s'élevait autrefois aux lieu et place de la Mairie actuelle.

L'on voit que Caudebec, pour une

ville aussi petite, n'en est pas moins curieuse, et surtout très grande par ses
vieilles antiquités ; aussi, comme aspect
gothique, je recommande au voyageur le
quartier de la Planquette ; il est empreint
d'une belle laideur : en outre, près du
grand Moulin, une vieille maison en
pierre, avec escalier et fenêtres d'un genre
tout particulier.

Il y a bien aussi, rue de la Boucherie,
un grand prêche à double pignon, que
l'on n'oubliera pas de visiter. Ce reste
de construction fort ancienne, mérite
qu'on s'arrête devant lui. A ce sujet, un
mot d'histoire. Je l'ai baptisé de prêche,
par ce qu'au xvi⁰ siècle, les protestans
s'en emparèrent et vinrent s'y établir.
Les uns prétendent que ce bâtiment,
dont le sol était, dans l'origine, moins

élevé qu'il ne l'est aujourd'hui, était l'ancienne résidence de quelques frères templiers qui desservaient et dirigeaient l'ancienne maladrerie de Saint-Julien-le-Pauvre. Ils fondent leur opinion sur ce que les cinq colonnes de l'intérieur, qui soutiennent le bâtiment, devaient avoir leurs supports libres et dégagés du sol. Cette opinion paraît raisonnable. Le savant M. De la Quérière fait remonter son origine à la fin du xiie siècle, et pense qu'elle était une demeure particulière, arrangée au goût et dessinée d'après les plans du propriétaire. Quoi qu'il en soit, la façade, avec ses deux gargouilles et ses croisées terminées par des trèfles, rend ce monument le plus ancien de Caudebec, le plus curieux de la ville.

Donnons maintenant quelques explications sur le plan de Caudebec que nous avons mis en tête de notre Essai. Ce plan, fait d'après les dessins d'un sieur A. Michaux, a été trouvé, dit-on, dans les titres de propriété de la maison qu'habitait anciennement, rue des Roses, Guillaume Letellier, architecte de l'église.

Les fortifications s'étendaient de l'est à l'ouest, et du nord au sud, de manière à former un losange dont la partie méridionale était baignée par les flots de la Seine. Chaque angle de ce losange, de forme carrée droite, était défendu par une tour ronde de forte dimension. Les remparts, surmontés d'un parapet et d'une galerie, avaient à l'intérieur des couloirs ou coulisseaux d'un demi-mètre de large, communiquant d'une tour à l'autre. Il faut voir encore les restes de deux tours, celle du Havre, dans la tannerie de M. Deschamps, et surtout celle qui se trouve dans la tannerie de M. Drouet. Cette dernière est encore baignée par l'Ambion. Les murs ont près de quatre mètres d'épaisseur. On voit, dans cette tour, une ancienne cheminée qui semblerait indiquer que les troupes y stationnaient chaque jour. C'était là, sans doute, que l'officier du poste faisait son journal. Auprès, on voit encore, parfaitement conservées, des rigoles en pierre, dites rigoles de versement, qui remplissaient d'eau les fossés. Les remparts, dont on aperçoit de fort beaux restes en cet endroit, pouvaient avoir trois mètres d'épaisseur.

A l'est, la ligne des remparts offrait une forte dépression vers le milieu. C'est de ce

11

côté, et à l'extrémité de la rue d'Harefleu (Harfleur), que se trouvait la porte de Maulévrier, actuellement route d'Yvetot.

La porte d'Harefleu se trouvait à l'autre bout de la même rue, au sud. Cette entrée était flanquée de deux tours. A l'extrémité sud-est de la rue de la Cohue, près des deux casernes, et non loin du carrefour du Bailliage, s'élevait la porte de Rouen, flanquée d'une tour appelée la Meurtrière. Sur différens points des remparts, on rencontrait des portes étroites, défendues par des ouvrages en maçonnerie tellement solides, qu'ils étaient à l'épreuve de la bombarde.

Telle était Caudebec. Maintenant, Caudebec, comme beaucoup d'autres villes intérieures de France, n'a plus de remparts, de créneaux militaires ; mais elle possède, dans son sein, des hommes de cœur , rempart d'un autre genre , l'effroi de l'étranger.

CHAPITRE V

Saint-Wandrille et Villequier.

Route de Rouen.

QUELLE route faut-il prendre, Monsieur? me dit en m'abordant un jeune homme que je pris avec raison pour un artiste. *Je suis venu à Caudebec pour voir Saint-Wandrille, Villequier....* — Je vais à Saint-

Wandrille, libre à vous de me suivre. — Monsieur est médecin? — Non, je me promène en amateur.» Et, tout en faisant ce dialogue nécessaire, la côte Sainte-Clair glissait sous nos pas. Les points de vue pris de cet endroit (et nous étions devant la villa de M. Thevenin) sont fort beaux, admirables. Sur ce, en une seconde, mon camarade de route déploie sa canne-siége, déroule une feuille de papier-carton, et trace à grands traits les points principaux du paysage qu'il a devant les yeux.

Abrité par la forêt de Maulevrier, je suivis son exemple : je m'assis près de lui, et, prenant pour épigraphe ce final d'un hexamètre de l'art poétique d'Horace,

> .... *Ut pictura poesis...*

j'écrivis les lignes suivantes.

..

De la côte Sainte-Clair seulement, on aperçoit, quand l'air est pur et le ciel vierge de tout nuage, à gauche Jumiéges, le Trait, les grandes allées du château de la Mailleraie, la forêt de Brotonne, Saint-Nicolas, le hameau de Bliquetuit, Vatteville, la Vaquerie, Aiziers; l'œil parcourt cet espace de terrain avec un charme ravissant : tantôt il rencontre un banc de sable, tantôt une plaine marécageuse, où s'ébattent le rale et la bécassine; tantôt c'est un vert pâturage où bondissent, en se jouant, les vaches et les chevaux qui y paissent : ou bien, c'est un étang entouré d'une dizaine de masures, village qui commence par une hutte de douaniers et se termine par une route communale infranchissable au moment des pluies.

Au bas de la côte coule la Seine, ravissante par ses détours, et que l'on voit fuir vers Rouen jusqu'au hameau de la Fontaine, tandis que, de l'autre côté, elle s'élargit, prend le nom de mer depuis Vieux-Port, sa dernière étape en quelque sorte jusqu'à Quillebeuf. Vis-à-vis Caudebec, sur la lisière de la forêt de Brotonne, Vatteville, ancienne maison de plaisance des rois de la première race. Ce qui reste de l'église est cher aux antiquaires et souvent visité par les artistes. C'était vis-à-vis Vatteville que s'élevait l'ancienne île de Belcinac, couverte de bois épais, cachant un monastère puissant, succursale de l'abbaye de Saint-Wandrille. Cette île existait encore en 1336, car il en est question dans les actes de l'Echiquier de Rouen. Depuis, Belcinac fut emportée par les flots; elle reparut cependant en 1641 ; mais la *barre* la détruisit une seconde fois, et l'engloutit au fond du fleuve.

Sic pereunt homines, sic transit gloria mundi.

C'est ainsi que disparurent aussi les pieux monastères fondés, aux pieds de la montagne Sainte-Clair, sur la route de Rouen, par la reine Bathilde, épouse de Clovis II. Avec le temps, cette voix solennelle de Dieu, disparurent les loges des anciens ermites et religieuses qui habitaient ces rochers qui bordent le chemin. De toutes ces vieilles antiquités, de tous ces souvenirs, il ne reste plus rien, qu'une route moderne.... Cependant, à droite, au détour, quelques vieilles pierres supportent une vierge au bas de laquelle nous avons rétabli l'ancienne inscription qui la recommandait au voyageur.

Si l'amour de Marie en ton cœur est gravé,
En passant ne t'oublie de lui dire un *Ave*.

Que ces ruines éparses de tous côtés devaient être curieuses au XIIIe siècle! Je ne sais, mais ma pensée, qui se reporte vers ces pieuses habitations, me fait le jouet d'une vive impression ; et cependant, Saint-Wandrille, le cloître des cloîtres, est encore loin de moi!

Il faut, pour y arriver, traverser le village de Caudebecquet, reprendre ses prosaïques grandes routes, invention utile pour le voyageur, mais d'un mortel effet pour l'artiste. L'on traverse un petit pont, puis un second jeté sur la petite rivière de Rençon, qui alimente plusieurs moulins. Ce ruisseau va se joindre à la Seine, à l'endroit précisément où, autrefois, les moines de Saint-Wandrille faisaient embarquer et débarquer toutes les marchandises, bois, et denrées nécessaires à l'entretien de l'abbaye.

L'abbaye de Saint-Wandrille, tel est le but de notre pélerinage. Il faut suivre le cours de ce ruisseau qui traverse l'ancien monastère. La route est, tantôt aride, tantôt agréable, suivant le terrain. Ainsi, lorsqu'on arrive au point de jonction des deux forêts du Trait à droite, et de Maulévrier à gauche, on aperçoit, au fond de la vallée, Saint-Wandrille. Qu'il y a loin des ruines qui subsistent en 1841, à celles qui couvraient le sol en 1792. Après douze minutes de chemin, sur les bas côtés d'une route communale, on aperçoit, à dix pas de soi, sur la gauche, l'ancien potager entouré d'une rangée de pommiers; près de là, plus haut, la chapelle de recueillement; enfin, le cloître.

A la vue de l'immense enceinte religieuse, de ses murs couverts de lierre, en présence du reste de pierres refusées par la spéculation, et recouvertes d'une herbe jaunâtre. que dévorent les vaches du propriétaire actuel, en présence de ces fenêtres uniformes, qui semblent dire au voyageur : « *là vivait un homme jeûnant le jour, pleurant la nuit, et priant toujours;* » à l'aspect de ce tout informe, dépouillé de ce qu'il avait de beau, de grandiose, de noble, en présence de ce qu'on veut bien décorer du titre de ruines, je m'arrêtai un ins-

tant saisi d'effroi; mon ame se recueilli..
Je me souvins de ces pieux abbés qui il-
lustrèrent la Normandie.

Nouveau Bertram, j'évoquai ces ombres
froides : toutes sortirent de leur tombeau.
A leur tête , saint Wandrille, qui fonda le
monastère en 645 (1er mai); puis Clovis II,
donateur de l'abbaye ; puis saint Wulfran,
qui alla prêcher l'évangile aux Frisons;
saint Erembert, saint Ansbert qui succéda
à l'abbé de saint Ouen ; puis saint Bayn,
qui fut sixième abbé et évêque de Té-
rouanne; enfin, saint Génésion et saint
Lambert, qui quittèrent le cloître pour
monter sur le trône épiscopal de Lyon.
J'oubliais Eginard, l'ami et le gendre de
Charlemagne, qui céda, en 823, à saint
Anségise, la crosse abbatiale qu'il tenait
depuis 817. O pieux anachorètes, savans

bénédictins, salut à vous, illustres
ombres qui perpétuèrent en France les
richesses de la langue et de l'histoire[1] ;
salut à vous. restes sacrés, que profana
la main d'un démolisseur cupide, au
mépris des lois les plus saintes, le culte
du souvenir ! Le feu du ciel, les inva-
sions des barbares, la hache des révolutions terrestres vous avaient épargnées ;
l'acte notarié qui vous livra aux mains
du propriétaire actuel[2], fut votre arrêt
de mort.

Aussi laissons à une plume plus savante[3]
que la nôtre, le soin de décrire l'ancienne

[1] Le *Neustria pia* sortit de Saint-Wandrille.

[2] M. Lenoir.

[3] E.-H Langlois, *Essai historique sur St.-Wan-drille.*

splendeur de la cité des hommes de Dieu,
et contentons-nous de gémir sur le vandalisme qui a livré cette belle proie, sans
défense. Adieu donc, restes hachés d'une
gloire passée; adieu! L'aspect de ces
lieux déchire l'ame, et la prive de cette
douce et suave ivresse qui accompagnait
Johnson voyageant dans les Hébrides,
et s'approchant avec respect du vieux
couvent d'Incoln-Hill.

Heureux sera le voyageur qui pourra
furtivement échapper au regard maus-
sade du propriétaire, pour visiter le ré-
fectoire, le cloître et les cellules où som-
meillaient les princes de la religion et de
la science; il aura vu le peu qui reste encore des ruines de l'immense abbaye de
Saint-Wandrille.

Route du Havre.

— Allons, partons-nous pour Ville-quier, me dit assez cavalièrement mon compagnon de route, qu'un déjeûner composé d'éperlans frais, arrosés d'un verre de madère, avait remis, et qui pa-raissait bien disposé à explorer, en tous sens, les bords de la Seine.

Comment ! Villequier n'est pas plus loin que cela ! mais c'est une prome-nade. — Voilà bien nos Parisiens ! ils aperçoivent le point d'arrivée avant même d'être partis ; ils jugent que la route sera courte, et ils partent sans sa-voir que cette route de Caudebec à Vil-lequier, sur les bords de la Seine, *per dura et aspera*, comme disait le poète, est sinueuse, longue et parsemée de petits et grands monumens, anciens et modernes, qui attestent l'ancien respect du marin pour la Vierge Marie, et rappellent les temps féodaux.

A l'angle d'une belle propriété seigneuriale qui se présente à l'extrémité du quai de Caudebec, se trouve une rue dite des Capucins, actuellement rue de l'Hospice. Au bout de cette rue, une barrière blanche, à claire-voie, et facile à franchir, grâce à l'obligeance du propriétaire [1], rappelle l'ancienne limite du couvent des Capucins, fondé par Louis XIII, en 1620; le duc de Longueville en posa la première pierre, au nom du roi, et, le 3 juin 1668, l'évêque de Finibor, en

[1] M. F. Lamy, ancien négociant, membre du conseil municipal de Caudebec.

Irlande, vint en faire la dédicace, et la consacra sous le vocable de saint Louis. On voit encore les restes extérieurs de l'église. L'intérieur du couvent, les cellules et les numéros des cellules subsistent encore. Le jardin, le potager des moines, n'a pas subi de transformation; le parc renferme le tombeau d'un ancien directeur de l'opéra, qui vint y terminer sa vie en philosophe. [1]

Il y a un an, une sortie particulière, invisible, conduisait le visiteur, de la propriété sur la route. Fort d'un pouvoir qui n'est plus en ses mains, faisant sonner bien haut les mots *d'utilité publique*, un homme fit tomber cette sortie, que bordait une haie vive plantée d'arbustes, et laissa à ses administrés, comme sou-

[1] P. Devisme.

...

venir, une route dégradée et pleine des décombres d'une côte qui, chaque jour, en s'éboulant, orne le chemin de pierres et de plâtres. Soyez donc conservateur, dans une cité dont le chef municipal était démolisseur !

La morale de ceci est qu'il faut être bien avec le maire de son endroit ; sans cela, vous êtes condamné sans circonstances atténuantes.

Près de là, sur la gauche, l'ermitage de Notre-Dame de Barival ou Barre-y-va, encore habité en 1627. Cette chapelle est en grande vénération chez les marins ; elle est, pour eux, ce qu'est Notre-Dame de Grâce à Honfleur ; aussi, simplement décorée à l'extérieur, rappelle-t-elle sa pieuse destination, et invite-t-elle au recueillement.

A deux cents pas de là, l'œil découvre, sur une roche escarpée, l'ancien château de la Martinière, actuellement la propriété de M. Roulleau, membre du conseil général du département, et maire de Villequier. Il faut parcourir les bois qui l'entourent, errer pensif dans l'allée des soupirs, et surtout ne pas oublier la *pierre tournante*, qui se trouve sur le derrière de l'habitation, au penchant de la montagne, et embellit cette promenade pittoresque, tracée si énergiquement dans le roc. Voici ce que l'on raconte à ce sujet. Le vendredi saint, quand sonne l'heure de midi, cette pierre tourne trois fois sur elle-même. Or, comme le vendredi saint les cloches sont à Rome, et par conséquent ne peuvent sonner midi, il arrive que de nombreux paysans

viennent, chaque année, au pied de la
pierre, la fixent long-temps ; l'illusion
les abuse ; ils l'ont vu tourner, et en-
tendu tinter midi, et ils retournent chez
eux, heureux d'avoir vu tourner la
pierre qui doit préserver leur maison du
tonnerre, leurs moutons de la clavelée,
leurs moissons de l'incendie ; donc, il
n'y a que la foi qui sauve.

Pour se rendre à la Maison blanche,
on peut traverser la propriété de M. Roulleau ou suivre la route qui borde la Seine,
et permet d'admirer le *dos d'âne*, espèce
de falaise tronquée, dont le pied est
souvent battu par le flot de la marée
montante. La première ferme qui se
rencontre à droite est curieuse : la façade,
qui regarde la montagne, offre encore
des traces d'une ville de plaisance, d'une

châtellenie délicieuse¹. C'est la *Maison blanche*. Si la fermière qui l'habite est de bonne humeur, elle vous fera voir un bas-relief en plâtre, de grande dimension, qui se trouve dans une salle basse du rez-de-chaussée. Ce bas-relief représente une biche à genoux. Elle porte un écu dégradé. Près d'elle un chasseur, au fond d'une grotte entourée d'arbres. Ce morceau d'art est fort ancien ; aussi le grotesque des formes le rend-il plus précieux.

Enfin, après avoir passé une allée de trembles, c'est Villequier, la rue de Villequier, qui, la première, la seule, se présentera à vous. Qu'était Villequier anciennement ? Je n'en sais rien, ou du moins presque rien. Qu'est Villequier

¹ Ancien domaine seigneurial de Villequier.

de nos jours ? Un charmant petit bourg, assis en amphithéâtre sur les bords du fleuve, et le poste des pilotes de la haute Seine. Je voudrais bien vous en dire plus long, mais l'église est si curieuse et les vitraux en sont si beaux ! Tenez, voyez à droite en entrant ; c'est saint Hubert, saint Nicolas, sainte Catherine et saint Martin, à qui elle est dédiée.

Le second vitrail représente *J.-C. entrant dans Jérusalem*, monté sur une mule. Au-dessous, la Cène.

Inscription :

. . . . . Vitrail fut faict des deniers de la paroisse, et réparé en 1610.

Le vitrail suivant est, sans contredit, le plus beau de tous. C'est toute la vie de saint Jean-Baptiste : citer textuellement les inscriptions qu'il porte, c'est en détailler le contenu.

1º Comment l'ange annonça à Zacharie qu'elle aurait un fils, lequel serait sanctifié.

2º Comment saint Jean fut né et on le présenta à Zacharie.

3º Comment saint Jean, jeune enfant, quitta sa bonne mère pour aller au désert.

4º Comment saint Jean, vivant au désert, enseigne le peuple à la voix de Dieu.

5º Comment fut baptisé J.-C.

6º Comment saint Jean fut décolé, à la requête de la fille du roi Hérode.

Cette verrière est heureusement en fort bon état : les couleurs sont éclatantes, surtout le rouge et le bleu, qui figurent le velours à s'y tromper.

Le 4ᵉ vitrail représente l'arbre généalogique de J.-C.

Le 5ᵉ, à gauche, rappelle un trait

historique qui nous est tout-à-fait inconnu. C'est l'image d'un combat naval.
Est-ce un épisode de nos guerres avec
les Anglais ? Est-ce un fait particulier à
nos marins de Villequier ? Dans le doute,
nous gardons le silence.

La dernière verrière est relative à saint
Pierre : sujet connu et qui ne demande
aucune explication.

Il faut, en sortant de l'église, qui date
du xve siècle, admirer le portail divisé
en deux par un pilier à niches, et surmonté d'un dais de forme assez gracieuse.

Nous serions ingrat et nous manque-
rions à la tâche que nous nous sommes
proposée, si nous omettions de parler
de la propriété qu'habite madame la baronne de Villequier. Qui éleva ce château ?

qui en fit une résidence des plus agréables ? La nature d'abord et la main d'un chevalier anglais. Villequier, dans sa langue (*Will-queer*, prononcer *Ouil-quïr*), signifie lieu de plaisance. Il y fit construire un château, et il eut raison. Je ne peux pas mieux comparer, je crois, cette demeure, qu'au Petit-Trianon, à Versailles. Le parc est délicieux ; tantôt on est dans une vallée suisse ; tantôt on se promène dans une des allées du parc Saint-James. Ici, c'est *le lac* alimenté par un jet d'eau ; plus bas, *l'île* ; en haut, ce sont *les fontaines*, dont le bruit rappelle le *dulce susurrum* de Virgile, le doux murmure du ruisseau. Tout en ce lieu est d'exquise composition. La verdure des champs semble défier la verdure agreste du pin ; l'art se

trouve à côté de la nature; l'eau, qui
repose mollement sur un lit de mousse,
semble heureuse d'être esclave, mais esclave soumise, pour ne pas dire presque
l'amie de la noble châtelaine de la ba-
ronnie de Villequier, dont elle porte le
nom.

CHAPITRE VI.

———◆◆◆———

Caudebec au XIXᵉ siècle.

Avant que la Convention eut décidé qu'Yvetot-la-Montagne remplacerait Caudebec-le-Marais, l'ancienne capitale du Pays de Caux était le siége de tous les tribunaux et établissemens de finance : elle possédait bailliage, présidial, prévôté, maîtrise, amirauté, élection, grenier à sel, ponts-et-chaussées, haute justice seigneuriale, recette des tailles, ferme générale, direction des aides, bureau des traites ou douanes, des domaines, etc.... La suppression de tous ces établissemens amena donc un ordre de choses différent : on venait de trancher toutes les vivifiantes artères de Caudebec. Il ne lui restait donc plus qu'à mourir, elle qui avait été si belle, si glorieuse, si industrielle ! Elle, mourir lentement ! Elle, sentir sa vie commerciale l'abandonner chaque jour ! Eh bien ! elle eut un moment d'espoir.... Lorsqu'il fut décidé que la France serait divisée en départemens, Caudebec, pendant vingt-quatre heures, se flatta d'être le chef-lieu de celui de la

Seine-Inférieure. Cette promotion con-
tinentale avait été promise à ses députés.
Le lendemain, quel réveil pour Caudebec! Ses propositions avaient été rejetées;
il ne lui restait plus qu'à se souvenir,
elle ancienne reine du Pays de Caux, et
devenir la sujette de Rouen, la cité mère
du département!

C'est ainsi, depuis ce moment, qu'elle
passe sa vie à l'ombre de ses montagnes.
Mais tout n'est pas perdu pour Caudebec.
Pourquoi ne ressaisirait-elle pas son antique renommée? *Peut celui qui veut*, dit
le proverbe; la volonté est une force puissante, quand elle peut évoquer d'anciens
souvenirs. Allons donc, Caudebecquais,
rappelez-vous ce que furent vos aïeux,
suivez l'élan intellectuel, suivez l'impulsion que l'industrie vous offre de nos

jours. Voyez ce que la nature a fait pour vous. Ici, l'industriel n'a point à redouter ces cataclismes qui, souvent, détruisent, en un jour, les travaux de plusieurs années. Rien ici à faire venir de loin. Tout est sous la main. Deux rivières forment une nappe d'eau suffisante pour faire marcher encore plusieurs moulins. Que d'endroits en cette ville propres à des tissages, des fabriques, des filatures; et Caudebec semble ignorer l'existence d'une mine qui la rendrait si riche, si florissante!

L'industrie est le bonheur des peuples et des cités. Voyez Lillebonne, la cité Césarienne; c'est l'industrie qui l'a décorée et agrandie. Elle marche à la fortune. Et Yvetot, la rivale, l'ennemie de Caudebec : chaque jour elle tente de nouveaux essais, et l'eau lui manque cependant de toutes parts. Bolbec, enfin, la ville neuve aux indiennes, aux *bleus*, l'importance de l'industrie qui s'y trouve implantée, doit se juger par les modifications qu'elle a subies, matériellement parlant. Les fabricans de cette ville ont un service régulièrement établi chaque semaine. Par ce moyen, ils peuvent assister à l'ouverture de la halle de Rouen, juger par eux-mêmes du progrès de leur fabrication et de la vente de leurs articles, recherchés comme l'étaient autrefois les peaux et les feutres de Caudebec. Eh bien! tout cela est l'histoire du jour! C'est le résultat de quelques années! Et cette révolution industrielle s'opérerait autour de Caudebec, qui verrait ainsi d'un œil indifférent se passer des événemens tendant à l'annihiler!

Mais il n'en sera pas ainsi ! Nous savons que la nouvelle administration municipale de Caudebec, sage et éclairée, doit s'occuper activement de plusieurs plans d'amélioration qui font honneur aux membres du conseil municipal qui les ont conçus et médités. Avec du temps, l'aide de Dieu et des hommes, Caudebec aidant aussi, tout ira bien, car le principe vrai du temps de Quintilien l'est encore de nos jours : « *Agendo, faciendo, per-* « *severando, res prosperæ evenient; dùm* « *inertiæ dederis, frustra Deos implores.—* « L'action, la persévérance donnent droit « au succès ; du moment où vous vous « livrez à l'apathie, en vain vous implo- « rerez les Dieux. »

Caudebec, en ce moment, n'est donc plus qu'une petite ville de province, proprement dite. Heureusement située pour offrir à l'industrie les plus grands avantages, elle renferme dans son sein trois tanneries assez considérables, deux fours à plâtre, une scierie mécanique, et une manufacture de moutarde, renommée depuis 130 ans. Ses principales ressources consistent en la pêche de l'éperlan et la vente des moules de Honfleur. Son marché du samedi n'est pas sans importance, relativement au cabotage des grains, qui trouvent, ainsi que les foins, de nombreux acheteurs.

Je m'arrête, n'ayant pas l'intention de rivaliser en détails statistiques avec le *Dictionnaire géographique*, qui, sans doute, ne me pardonnera pas d'indiquer au voyageur, pour se reposer de ses fatigues, l'hôtel de la Poste, dit de l'Aigle d'Or, place de l'Orme, et l'hôtel du Commerce, sur le Quai.

fin.

SOUSCRIPTEURS.

Madame la marquise de Mortemart, douairière, à la
  Mailleraye.
Madame la marquise de Mortemart, née de Montmo-
  rency, à la Mailleraye.
M. le vicomte de Mortemart, à la Mailleraye.
M. le comte de Laféronnays, à Paris.
M. le comte de Grasse,   ibid.
M. le baron Roger de Larcy, député, ibid.
M. le baron LeCouteulx,   ibid.

M. de Merval, à Canteleu.

M. de Matheus, à Paris.

Madame la baronne de Villequier, à Villequier.

M. Roulleau, membre du conseil gén[1], à la Martinière.

M. Pallier, maire d'Anquetierville.

M. Haville, maire de Saint-Arnould.

M. Thevenin, juge au tribunal de Commerce de Rouen.

M. Touzé, notaire, à la Mailleraye.

M. Touzé, avocat, propriétaire, ibid.

M. Bardin, ibid.

M. le curé de Caudebec.

M. Desbois (E.), maire de Caudebec.

MM. Anfray, adjoint.

Brayé, conseiller municipal.

Ballue, id.

Cottard, id.

Daverton, id.

Desprez, id.

Drouet, id.

Lefebvre-Delabrière, id.

Levesque, id.

Lestorey, id.

Lamy, id.

Lepley, id.

MM. Poisson père, conseiller municipal.

 Quertier-Guibert, id.

 Renaud (Michel), id.

 Rondel père, id.

 Tuvache, id.

 Védie, id.

MM. Mailly, vérific. de l'enregist. et des domaines.

 Blondel, receveur idem.

 Crousse, inspecteur des eaux-et-forêts.

 De Kermel, s.-inspecteur.

 De la Bunodière, garde général.

 Gros-Jean, receveur de la douane.

 Hamille, lieutenant de la douane.

 Perdriaux, percepteur.

 Musquin, receveur des contrib. indirectes.

Mesdames Auzanet.

   Angran.

   Baudry.

   Cresté.

   Coureuil (veuve).

   Deschamps (Arsène).

   Huet.

MM. Bazire, notaire.

Bettencourt, négociant.

Caron, idem.

Cavelier, agent d'affaires.

Coureuil fils, négociant.

Desbois (Félix), propriétaire.

Deschamps, ancien juge de paix.

Duchâtard, propriétaire.

Ladvocat, huissier.

Lecœur, idem.

L'Honoré, idem.

Lasnon (Benjamin), négociant.

Langellier, idem.

Lesage, propriétaire.

Lesannier, idem.

Legendre fils.

Levacher (Théodore).

Lemétayer.

Leprieur, négociant.

Martin, maître de pension.

Maletra, horloger.

Mutel-Cabut, négociant.

Néel fils, maître de poste.

Patey, horloger.

MM. Platel, pharmacien.

Renaud, négociant.

Rondel fils, négociant.

Toutain, négociant.

TABLE.

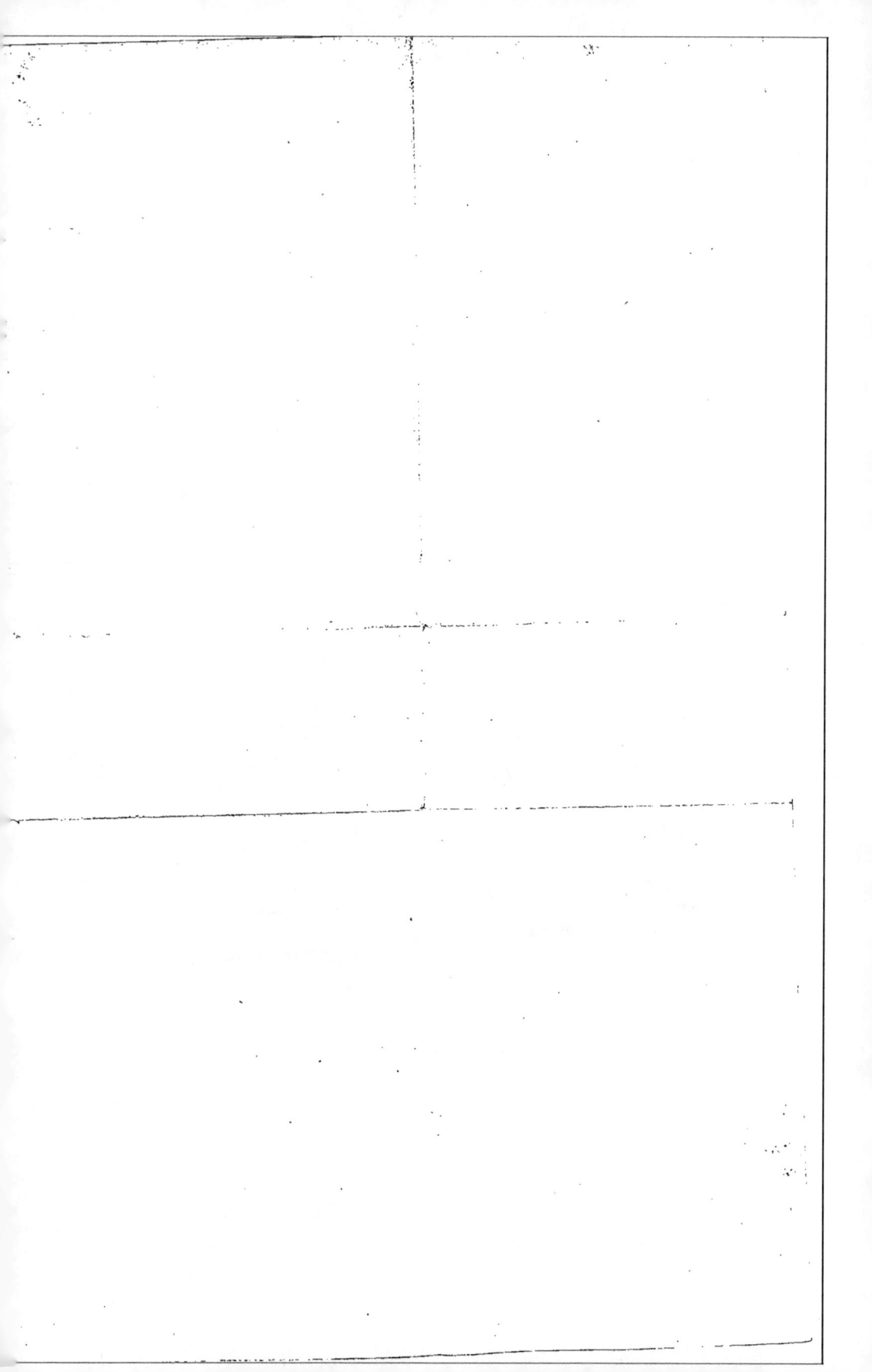

PLAN DE CAUDEBEC ET DE SES FORTIFICATIONS,
aux XIV, XV et XVI Siècles.

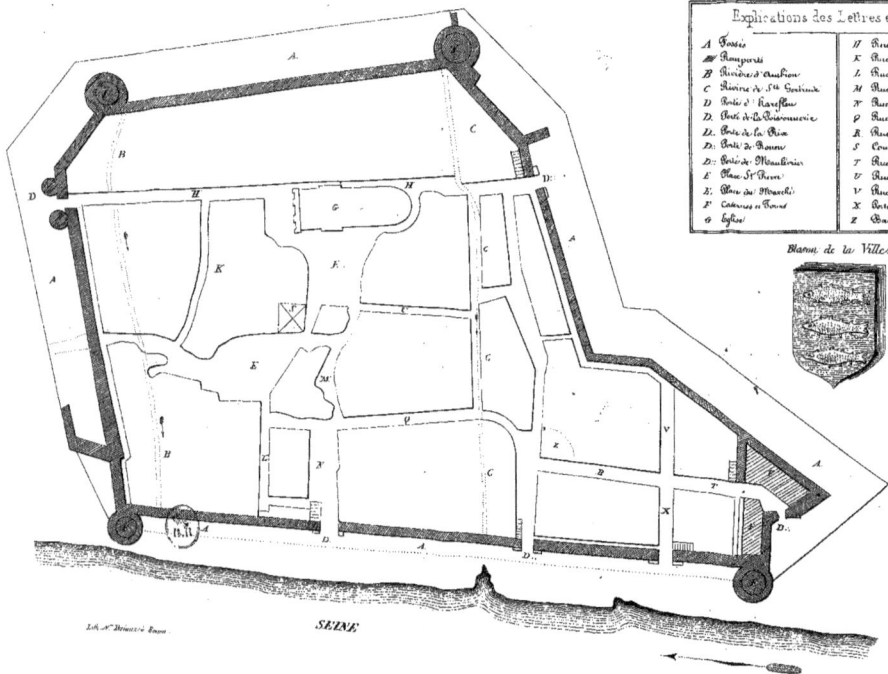

Explications des Lettres et Signes.

A Fossés	H Rue d'Honfleur
M Remparts	K Rue de la Rose
B Rivière d'Ambion	L Rue du Tripot
C Rivière de S.te Gertrude	M Rue des Belles Femmes
D Porte d'Hareflue	N Rue de la Poissonnerie
D. Porte de la Poissonnerie	P Rue de la Cordonnerie
LL Porte de la Rive	R Rue de la Viconté
D. Porte de Boure	S Couvent des Augustins
D. Porte de Moulbrier	T Rue de la Viconté
E Place St.te Pierre	U Rue de la Boucherie
X Place du Marché	V Rue de la Malerque
F Casernes et Four	X Porte à Rue aux Bouc
G Eglises	Z Bailliage

Blason de la Ville.

SEINE

www.ingramcontent.com/pod-product-compliance
Lightning Source LLC
Chambersburg PA
CBHW072057080426
42733CB00010B/2148